中古及近代汉语疑问句研究

李素英　著

山东大学出版社

图书在版编目(CIP)数据

中古及近代汉语疑问句研究/李素英著. —济南：
山东大学出版社,2015.7
ISBN 978-7-5607-5324-9

Ⅰ. ①中… Ⅱ. ①李… Ⅲ. ①古汉语—疑问(语法)
—研究—中古②汉语—疑问(语法)—研究—近代 Ⅳ. ①H141
②H146.3

中国版本图书馆 CIP 数据核字(2015)第 182308 号

责任策划:陈　珊
责任编辑:李孝德
封面设计:张　荔

出版发行:山东大学出版社
社　　址:山东省济南市山大南路 20 号
电　　话:市场部(0531)88364466
经　　销:山东省新华书店
印　　刷:沂南县汶凤印刷有限公司
规　　格:880 毫米×1230 毫米　1/32
　　　　　6.125 印张　162 千字
版　　次:2015 年 7 月第 1 版
印　　次:2015 年 7 月第 1 次印刷
定　　价:16.00 元

目录

中篇　近代汉语疑问句研究

下篇　汉语问题散论

导 论

一、中古汉语与近代汉语的界定

关于汉语史的分期,目前学术界一般将其划分为四个时期:上古汉语、中古汉语、近代汉语和现代汉语。

关于中古汉语时期的上下时限,王力主张为公元4世纪至12世纪(南宋前半期)①;太田辰夫认为应该是魏晋南北朝②;王云路、方一新提出应为东汉魏晋南北朝隋时期③。我们依据学界共识,把魏晋南北朝划作中古汉语时期,并以东汉与隋唐(主要指前半期)作为过渡阶段。

"魏晋南北朝在我国历史上是一个纷乱的时期。东汉末年,政局变乱不安,人民播迁不定,虽然西晋得到短暂的统一,但紧接着北方外族不断侵扰,整个中国又成为南北分治的局面。北方汉人士族、大批流民不断南迁,有的近移江淮,有的远徙闽广,未南下的士族、流民,有的由关洛一带北往辽东,有的从幽冀一带西至秦陇。汉族往边远地带转移,外族向中原地区推进,加强了各民族之间的融合。"④在

① 参见王力:《汉语史稿》,北京:中华书局2004年版,第35页。

② 参见[日]太田辰夫:《中古(魏晋南北朝)汉语的特殊疑问形式》,江蓝译,王云路、方一新主编:《中古汉语研究》,北京:商务印书馆2000年版,第298～306页。

③ 参见王云路、方一新:《中古汉语语词例释》前言,长春:吉林教育出版社1992年版,第7～8页。

④ 柳士镇:《魏晋南北朝历史语法》,南京:南京大学出版社1992年版,第3页。

思想文化领域，两汉的经学走向没落，魏晋玄学起而代之，道教开始形成并得到发展，佛教传入内地，并逐渐为中土统治阶层和广大民众所接受。“这一国家分并、人民迁徙、民族交融的现象，大大促进了文化的传播与交流，对汉语的发展也产生了巨大影响。魏晋南北朝时期，无论在语音、词汇乃至语法方面，较之于先秦两汉，都有较为显著的变化。”[①]“就这一时期极有代表性的语法特点来说，就可以马上举出复音节词汇的增加，系词‘是’的产生，使成复合动词的形成……”[②]因此，学者们对于将魏晋南北朝归入中古汉语的研究范畴一般没有异议。

至于东汉在汉语史分期上的归属，观点不尽一致。代表性的观点有：(1)将其归入上古汉语。这种划分法最早由瑞典著名汉学家高本汉从音韵角度提出。[③] 尽管此后的学者在汉语史的具体分期上存有争议，但东汉归属上古汉语的做法得到了王力、志村良治、向熹等人认同。[④] (2)划归中古汉语。王云路、方一新从文言与口语的分化出发，用“中古汉语”来指代东汉魏晋南北朝隋时期文献、特别是富含口语文献的语言，从而明确了东汉的中古汉语归属。[⑤] 汪维辉通过考察一批常用词的历史变迁，也认为“从词汇角度看，把东汉—隋这一阶段作为汉语发展史上一个相对独立的时期，并把它称为‘中古汉语’以对应于‘上古汉语’和‘近代汉语’，这样的分期法是合理的”[⑥]。随着越来越多的学者们对这一时期语言现象研究的深入，发现“一些

① 柳士镇：《魏晋南北朝历史语法》，第 3 页。

② 参见[日]志村良治：《中国中世语法史研究》，江蓝生、白维国译，北京：中华书局 1995 年版，第 3 页。

③ 参见[日]志村良治：《中国中世纪语法史研究》，江蓝生、白维国译，第 3～4 页。

④ 参见王力：《汉语史稿》，第 35 页；[日]志村良治：《中国中世语法史研究》，江蓝生、白维国译，第 3 页；向熹：《简明汉语史》(上)，北京：高等教育出版社 1993 年版，第 41 页。

⑤ 参见王云路、方一新：《中古汉语语词例释》前言，第 7～8 页。

⑥ 汪维辉：《东汉-隋常用词演变研究》，南京：南京大学出版社 2000 年版，第414～415 页。

唐宋口语词的源头不是在六朝，而是在更早的东汉；大量六朝流行词语更是在东汉即已产生”[①]。葛佳才对东汉副词的系统研究也印证了这一观点。[②]

最近二十多年，由于近代汉语的研究日渐深入，从研究工作的实际状况出发，现在的学术界倾向于将近代汉语的上限追溯到晚唐五代，因而中古汉语的下限也就相应地提前。日本学者太田辰夫早就指出：“‘中古’一词，中国多指魏晋南北朝隋唐时期，但从汉语史的角度来看，晚唐时代白话的萌芽和形成十分突出，唐代应属‘近代汉语’时期，因此本文所称‘中古’，不包含唐代在内。”[③]“把唐代再分为前半期和后半期，大致已被认可。以安史之乱(755～761)为界，中唐以后语言现象发生了很大变化。敦煌资料，特别是变文的出现等等重要事件，就出现在这个时期，音韵史方面也被认为有很大变化。”[④]因此，我们在研究中也将隋唐(主要指前半期)作为中古汉语时期的过渡阶段加以考察。

关于近代汉语，吕叔湘在《近代汉语指代词》“序”中说：“什么是近代汉语？这涉及汉语史的分期问题。一种语言在某一个比较短的时间内发生比较大的变化，就可以把这以前和以后分为两个时期。……秦以前的书面语和口语的距离估计不至于太大，但汉魏以后逐渐形成一种相当固定的书面语，即后来所说的‘文言’。虽然在某些类型的文章中会出现少量口语成分，但是以口语为主的‘白话’篇章，如敦煌变文献和禅宗语录，却要到晚唐五代才开始出现，并且一直要到不久之前才取代‘文言’的书面汉语的地位。根据这个情况，以晚唐五代为界，把汉语的历史分为古代汉语和近代汉语两个大的阶段是比较合适的。至于现代汉语，那只是近代汉语内部的一个分期，不

---

① 方一新：《东汉语料与词汇史研究刍议》，《中国语文》1996年第2期。

② 参见葛佳才：《东汉副词系统研究》，长沙：岳麓书社2005年版。

③ [日]太田辰夫：《中古(魏晋南北朝)汉语的特殊疑问形式》，江蓝生译，王云路、方一新主编：《中古汉语研究》，第298～306页。

④ [日]志村良治：《中国中世语法史研究》，江蓝生、白维国译，第3页。

能跟古代汉语和近代汉语鼎足三分。”①

吕叔湘的论述对语言学界有很大影响，极大地推动了近代汉语研究的发展。学术界对于他提出的“二分法”和近代汉语的上下限问题也展开了热烈的讨论。从研究工作的实际状况出发，现在学术界一般还是倾向于四分，近代汉语的上限大致定在晚唐五代，下限大致定在清代中期。

当然，语言演变是一个渐进的过程，又是语音、词汇、语法多方面的，任何将相邻两个不同时期截然划开的做法都有失妥当。然而，要对汉语历史进行研究，不作大致的分期显然很不方便。因此，我们在参考各家观点的基础上，将魏晋南北朝界定为中古汉语时期，将晚唐五代至明清之际界定为近代汉语时期。

二、汉语疑问句的分类

句子可以从不同角度进行不同的分类。根据功能，句子通常分为四类：陈述句、祈使句、感叹句和疑问句。在这些功能句中，疑问句一直是语法学界探讨的热门课题，而有关疑问句式的分类和描述则成为热门话题中的热点问题，并由此形成了各家各派的分类理论。

《马氏文通》在传疑内部细分“有疑而用以设问”“无疑而用以拟议”和“不疑而用以咏叹”三类。《新著国语文法》分疑问句为“表然否的疑问”“助抉择或寻求的疑问”及“无疑而反诘语气”。

吕叔湘对疑问句的分类经历了一个调整和修正的过程。在20世纪40年代的《中国文法要略》中，吕叔湘将疑问句分为特指问句和是非问句两个基本类，而把抉择问和反复问看作是是非问的一种特殊形式。② 不过，在50年代初的《语法学习》中，吕叔湘又把反复问和抉择问合并为选择问一个类，认为它“是重叠或是融合两个是非问

① 吕叔湘：《近代汉语指代词》“序”，江蓝生补，上海：学林出版社1985年版，第1页。

② 参见《吕叔湘文集》第1卷，北京：商务印书馆1990年版，第281页。

句造成的”，从而将疑问句改分为特指问、是非问和选择问三类。[①]这成为疑问句三分法的先声。但是，在60年代初他与丁声树等人合著的《现代汉语语法讲话》中，则明确地说：“问句可以按构造分成四种：(一)特指问，(二)是非问，(三)选择问，(四)反复问。”吕叔湘有关疑问句四分法的观点基本确立。[②]

其实，50年代末，黄伯荣的《陈述句 疑问句 祈使句 感叹句》已经将现代汉语的疑问句分为是非问句、特指问句、选择问句、反复问句四类。[③] 四分法与三分法的相异点在于：四分法将三分法中的选择问句分为选择问句和反复问句两类。可以说，这种分类基本上代表了当时的语法学界对这一问题的普遍认识。

进入20世纪80年代，随着国外语言学理论的大量引进，语言学界的研究视野更加开阔，对各类语言现象的认识也更加深入和细致。其中，对疑问句的内部分类系统也有了新的发现和认识，使得疑问句的分类更加多样化和精密化。

朱德熙和陆俭明在对疑问句的分类中，都采用了是非问、特指问和选择问(反复问句包含在内)的结构类型，但二者有着极大的区别。朱德熙根据疑问句与陈述句之间的转换关系，将疑问句分为并列的三类，是非问、特指问和选择问在同一语法层次上。[④] 这与吕叔湘50年代初的分类基本一致。陆俭明在具体比较了疑问句各个类型后，

---

① 参见吕叔湘：《语法学习》，北京：中国青年出版社1953年版，第37页。

② 参见丁声树等：《现代汉语语法讲话》，北京：商务印书馆1999年版，第203页。由于该书是集体合著，并且没有对每部分的撰者作出具体交代，所以我们不能确定该观点是否就是吕叔湘本人的。尽管该书的序里声明“其实就是在我们这几个人中间，也并不是每个人对于书里每一种说法都是完全同意的，所以这本书里所讲的话也并不拘束我们每个人在汉语语法方面的独立的见解”，但是，考虑到70年代吕叔湘在个人专著《现代汉语语法提纲》中对四分法的肯定，我们认为他对该书将疑问句分为四类的观点应该是基本赞同的。

③ 参见黄伯荣：《陈述句 疑问句 祈使句 感叹句》，上海：上海教育出版社1984年版，第13页。

④ 参见朱德熙：《语法讲义》，北京：商务印书馆1982年版，第202页。

认为通常所说的三类疑问句实际上并不在同一平面上，特指问句和选择问句因有着更多的共同点而与是非问句形成对立，从而将疑问句分为是非问句和非是非问句两大类。[①]

范继淹从语言的交际功能出发，认为疑问句系统就是特指问句与选择问句的对立，而是非问句则是选择问句的一种特殊形式。[②]邵敬敏则将所有的疑问句都看作是一种选择，从而把疑问句系统分为是非选择问和特指选择问两大类。在此基础上，是非选择问又分为单项是非选择问（是非问句）与双项是非选择问（正反问句），特指选择问又分为有定特指选择问（选择问句）与无定特指选择问（特指问句）。[③]

以上对疑问句的分类可谓“仁者见仁，智者见智”。不过，其分类标准基本上可以概括为以下几个：一是依据句法构造，如吕叔湘、黄伯荣、朱德熙、陆俭明；二是根据语言功能，如范继淹；三是依据语义类型，如马建忠、黎锦熙。当然，也有综合的考虑，如邵敬敏综合语言功能和句法构造作出的界定。其中，吕叔湘和黄伯荣以句法构造为标准对疑问句系统所作的三分法和四分法得到了当前语法学界更多的倾向和肯定。

参考以上学者观点，为论述方便，我们采用四分法，将疑问句分为特指问句、是非问句、正反问句、选择问句四类。

三、汉语疑问句研究概况

汉语的疑问句，是按句子的语气分出来的类。因此，汉语疑问句的研究，历来归属于语气范畴。从马建忠的《马氏文通》到黎锦熙的《新著国语文法》，都是以助词为纲，把疑问句放在“语气—助词细目”

---

① 参见陆俭明：《由“非疑问形式＋呢”造成的疑问句》，《中国语文》1982年第6期。

② 参见范继淹：《是非问句的句法形式》，《中国语文》1982年第6期。

③ 参见邵敬敏《现代汉语疑问句研究》，上海：华东师范大学出版社1996年版，第5～6页。

中加以论述。马建忠详细讨论了“乎”“哉”“耶”“与”“夫”“诸”6个“传疑助字”,并将它们在疑问句中的作用归纳为:“一则有疑而用以设问者,一则无疑而用以拟议者,一则不疑而用以咏叹者。三者用义虽有不同,要以‘传疑’二字为称焉。”[①]黎著研究情态词中的助词,进而将疑问句分为“表然否的疑问”“助抉择或寻求的疑问”和“表无疑而反诘的语气”三种类型。

一直到20世纪40年代,以吕叔湘《中国文法要略》为代表,才开始了真正意义上的对于疑问句的细致而深入的研究,吕叔湘把“询问、反诘、测度”总称为疑问语气,将疑问句分为特指问句和是非问句(包括抉择问句)两大类;他还讨论了反诘问、间接问句以及问句的应用,提出了一系列很有价值的课题。[②] 因此,邵敬敏在《关于疑问句的研究》中指出:“应该说,正是吕氏的研究,奠定了现代汉语疑问句研究的基础。”[③]20世纪五六十年代的汉语语法研究,几乎把注意力全部集中在词类以及句子结构分析上,在疑问句研究方面少有突破性的成果,黄伯荣的《陈述句 疑问句 祈使句 感叹句》应该是这一时期关于汉语句式研究的指标性文章。黄伯荣将疑问句分成四种,即是非问、特指问、选择问、正反问,并分析比较了它们在结构上的特点,另外还分析了“表示猜想的疑问句”以及“表示反诘的疑问句(反问句)”。[④]

80年代以后,汉语疑问句式的研究开始成为汉语语法研究的主要着力点之一,吕叔湘、朱德熙、陆俭明、范继淹、林裕文等人的研究,将疑问句的研究由宏观的分类研究转入微观的描写研究,并使疑问句句式研究和理论探讨及语言类型分析结合起来,把汉语疑问句的

---

① 马建忠:《马氏文通》,北京:商务印书馆1983年版,第361页。

② 参见《吕叔湘文集》第1卷,第281页。

③ 邵敬敏:《关于疑问句的研究》,吕叔湘、马庆株主编:《语法研究入门》,北京:商务印书馆1999年版,第537页。

④ 参见黄伯荣:《陈述句 疑问句 祈使句 感叹句》,上海:上海教育出版社1984年版,第21~23页。

研究带入了一个较为繁盛的阶段。近年来，疑问句的研究更加深化，并且重点转向对特殊疑问句的研究，在“非疑问形式＋呢”问句以及反问句研究方面收获较大。这一研究正在向纵深发展。[①]

近五十年来，经过学者们的不断努力，汉语疑问句研究取得的成果主要体现在以下方面[②]：

（一）疑问句历史发展研究

杨伯峻、何乐士在《古汉语语法及其发展》第12章中，以两节文字分别叙述询问句（包括特指问句、是非问句、选择问句、正反问句、比较问句五种）、反诘问句和测度问句的各种用法，分类细致，例证丰富。不过，由于该书不是语法史通论，尽管对各类疑问句的历史发展有所涉及，但总体上显得较为薄弱。

对各类疑问句历史发展的研究，以探讨选择问句的为多。梅祖麟1978年发表《现代汉语选择问句法的来源》，主要讨论了汉语选择问句法从5世纪到12世纪的历史，认为现代汉语选择问句在5世纪已经成型，以后发生若干词汇变化，在12世纪产生了“是……还是”这类现代汉语选择问句的句子。祝敏彻的《汉语选择问、正反问的历史发展》和刘子瑜《汉语反复问句的历史发展》也颇有分量。

（二）断代疑问句研究

柳士镇《魏晋南北朝历史语法》用专章讨论中古汉语疑问句的发展，从“那”字构成的疑问句、选择问句的新形式、反复问句的新形式和度量问句四个方面，对相关问题进行了探讨。俞理明的《汉魏六朝的疑问代词“那”及其他》《从早期佛经材料看古代汉语中的两种疑问

---

① 有关疑问句的研究概况，可参看邵敬敏：《关于疑问句的研究》，吕叔湘、马庆株主编：《语法研究入门》。

② 参见刘开骅：《中古汉语疑问句研究》，哈尔滨：黑龙江人民出版社2008年版，第7～14页。

词“为”》等文章，运用汉译佛经和道教文献等语料，对疑问句中的“那”“不”“谁”“多少”“为”“何”系双音疑问代词、句末否定词“不”等的使用及发展情况进行了深入讨论。何亚南、遇笑容、曹广顺、高列过等人也都曾做过中古汉语疑问句研究。

在已有研究成果的基础上，刘开骅的《中古汉语疑问句研究》全面细致地描写了中古汉语是非问句、特指问句、选择问句和正反问句的基本面貌，并以此为基础上溯上古汉语，下探近现代汉语，对汉语疑问句发展的历史线索作了较为系统的描写探讨。这项专题研究成果有助于丰富人们对汉语语法发展史的认识，其学术价值毋庸置疑。

徐正考的《唐五代选择疑问句系统初探》和《清代汉语选择疑问句系统》，分别将唐五代和清代的选择问句分为简式和繁式两种类型，进行了较为细致的描写，并对有关问题作了初步探讨。俞光中、植田均的《近代汉语语法研究》立足于现代汉语，专列“疑问句”部分，分是非问句、选择问句、提拔式问句、正反问句四类。冯春田《近代汉语语法研究》的“句式”部分，列“选择问句式”和“反复问句式”两节，探讨这两类疑问句在近代汉语中的发展流变。

(三)专书疑问句研究

专书语法研究是汉语语法史研究的基础。在专书语法研究的基础上撰写断代语法史，再在若干断代语法史的基础上形成详尽系统的汉语语法通史，已经成为汉语历史语法研究者的共识。

专书疑问句研究的重要论文，主要有裘锡圭《关于殷墟卜辞的命辞是否问句的考察》、曹瑞芳《〈论语〉疑问句中疑问语气的表达手段》、祝敏彻《〈国语〉、〈国策〉中的疑问句》、冯春田《秦墓竹简选择问句分析》、刘子瑜《敦煌变文中的选择疑问句式》、张美兰《〈祖堂集〉选择问句研究》、段业辉《〈世说新语〉疑问句分析》等。这些研究较为具体而深入，极具启发性。

(四)疑问词语研究

疑问词语包括疑问语气词、疑问代词、疑问副词,也可以包括选择问句中的关联词。

疑问语气词,古时归入助字一类,有的书中直接称为“传疑助字”。近三十年来,研究者对上古汉语疑问语气词的研究着力较多,如郭锡良《先秦语气词新探(一)》与《先秦语气词新探(二)》、赵长才《先秦汉语语气词连用现象的历时演变》、杨永龙《先秦汉语语气词同现结构层次》等,对先秦汉语中的“乎”“与(欤)”“邪”等疑问语气词的性质、用法、历时演变等进行了深入的讨论。近代汉语中产生的“么”“吗”“呢”等疑问语气词也是关注重点,如江蓝生《疑问语气词“呢”的来源》、吴福祥《从“VP-neg”式反复问句的分化谈语气词“么”的产生》等,对其来源与使用情况进行了考察。

疑问代词的研究由来已久。早在1947年和1948年丁声树就先后发表了《“何当”解》《论诗经中的“何”“曷”“胡”》。后来的研究者对“何”“孰”“谁”等常用疑问代词做过很多探索,如贝罗贝、吴福祥的《上古汉语疑问代词的发展与演变》。

选择问句中用以连接并列选择项的关联词,是选择问句的重要形式标志。梅祖麟《现代汉语选择问句法的来源》讨论了“为”“为……为”“为复”“为是”“为当”“还(是)”等关联词的产生及使用情况。何亚南、张爱丽的《中古汉语疑问句中“为”字的词性及来源》认为,在选择问句中“为”作为准判断词的语义功能并未完全消失,只是在这种具体语境中受到了暂时抑制。①

四、研究对象

就目前的已有研究成果来看,汉语疑问句的研究呈现出以下几

---

① 参见何亚南、张爱丽:《中古汉语疑问句中“为”字的词性及来源》,《南京师范大学学报》2002年第6期。

个方面的特点:(1)侧重于对现代汉语的研究,中古汉语和近代汉语特别是近代汉语后期的研究较为薄弱。(2)理论研究较为充分,专书专题研究重视不够。(3)疑问副词和疑问语气词的研究较多,而对疑问句式本身特别是近代汉语和古代汉语疑问句式的研究还有所欠缺。

汉语历史语法的研究,历来是重两头、轻中间。在以往的研究中,出于解读经典的需要,许多学者包括古代学者和现当代学者都对先秦文献进行过词语考释工作,并在此基础上对先秦汉语语法有了较为清晰的认识。现代汉语由于拥有包括口语和书面语在内的得天独厚的语料资源,更是远远走在了汉语语法研究的前列。在已有的汉语疑问句研究成果中,尤其是一些理论问题的探讨,基本上都是从现代汉语出发的。相比之下,中古及近代汉语语法的研究就较为薄弱。因此,蒋绍愚、曹广顺等指出:“以往对近代汉语的前期即唐宋时期的语法研究得比较多,这在今后还要继续做,但同时要向两头扩展。一是上溯到中古时期,很多近代汉语的语法现象在那个时期萌芽。一是下推到元明清时期,这个时期是近代汉语向现代汉语逐步发展的时期。这方面的研究对于了解现代汉语语法体系的形成和加深对现代汉语语法体系的认识有更直接的关系。”①

应该说,从总体上来看,汉语疑问句的研究仍然是不够深入和细致的。中古与近代汉语上承上古汉语,下启现代汉语,在汉语发展史中有着极为特殊的地位和作用。因此,研究中古及近代汉语疑问句对于理顺汉语疑问句的发展演变具有极其重要的意义。

由于刘开骅的《中古汉语疑问句研究》一书对魏晋南北朝时期的疑问句进行了较为全面、系统的研究,所以我们只对该书研究较为薄弱的疑问副词和一些特殊句式进行了深入探讨,期望为深入了解这一历史时期的语法和词汇全貌以及进一步研究整个汉语疑问句的发

---

① 蒋绍愚、曹广顺:《近代汉语语法史研究综述》,北京:商务印书馆 2005 年版,第 26 页。

展演变规律奠定必要的基础。在语料上，我们尽可能采用中古时期的代表性文献，包括《拾遗记》《搜神记》《搜神后记》《西京杂记》《世说新语》《周氏冥通记》《古小说钩沉》等笔记小说，《后汉书》《三国志》《宋书》《南齐书》《魏书》《晋书》等历史著作，《修行本起经》《中本起经》《杂譬喻经》《撰集百缘经》《菩萨本缘经》《六度集经》《生经》《百喻经》《贤愚经》《杂宝藏经》《长阿含经》等佛经译本以及《论衡》《太平经》《齐民要术》《洛阳伽蓝记》《水经注》《颜氏家训》等诸多语料。

至于近代汉语疑问句，我们选择了《聊斋俚曲集》为基本语料，进行专书研究。《聊斋俚曲集》是清代初年淄川人蒲松龄（约 1640～1715，字留仙，一字“剑臣”，别号“柳泉居士”）创作的谣曲作品。蒲松龄的俚曲全用家乡方言写就，口语性极强，今天读来，仍然还可以看出许多极具方言特色的词语和语法成分，所以它是后期近代汉语特别是明清山东方言研究的重要资料。早在 20 世纪 20 年代，俚曲便引起了胡适等人的重视。但迄今为止，收集蒲松龄俚曲比较全面的是路大荒整理的《聊斋俚曲集》，收入路氏所编《蒲松龄集》。路大荒的《蒲松龄集》最初由中华书局上海编辑所 1962 年出版，后由上海古籍出版社于 1986 年新版。但新版仅改正若干错讹，仍以初版为据。我们的研究以 1986 年上海古籍出版社的新版《蒲松龄集》为蓝本。我们以《聊斋俚曲集》作为取材范围，对其中的是非问句和选择问句进行描写和分析，并结合明清时期的山东方言著作《金瓶梅》《醒世姻缘传》等语言资料，探求明清时期选择问句和是非问句系统特别是山东方言中该类疑问句系统的状况，并力求找出该类疑问句系统发展变化的规律性或特殊性的方面，这样做应该可以为总结汉语疑问句的历史演进过程提供一些可资参考和借鉴的素材。

受聊斋俚曲中较多方言词语和方言句式的影响，目前所能见到的《聊斋俚曲集》校点本多有错误。对此，冯春田在《〈聊斋俚曲〉语法研究》中曾加以校正，现将其中与本文研究有关的部分文字摘录如下①：

1. 沈大姨说："你仔说，您二姨这杀才是乜人么？真么一个媳妇，是模样不好呀，是脚手不好呢？是不孝顺这杀才是待死呀？"（《聊斋俚曲集·姑妇曲》）

[校正]沈大姨说："你仔说，您二姨这杀才是乜人么？真么一个媳妇，是模样不好呀？是脚手不好呢？是不孝顺？这杀才是待死呀！"

2. 娘们吃了两个剩饼，就合他熬。臧姑等到晌午，没人给他饭吃，问了问，还没动锅。便道："哦，这意思里待合我熬么罢？咋呀？"（《聊斋俚曲集·姑妇曲》）

[校正]娘们吃了两个剩饼，就合他熬。臧姑等到晌午，没人给他饭吃，问了问，还没动锅。便道："哦，这意思里待合我熬么？罢咋呀！"

3. 公子说："这里隔内宅远，夜里来，夜里去，什么相干！这是五钱银子，先给酬劳。"李婆说："没哩我就拿着罢呀咋，我就破上这老性命！"（《聊斋俚曲集·禳妒咒》）

[校正]公子说："这里隔内宅远，夜里来，夜里去，什么相干！这是五钱银子，先给酬劳。"李婆说："没哩我就拿着？罢呀咋！我就破上这老性命！"

4. 李氏说："你看，我来做嗄来？"赵大姑说："我这里和您家里一样们哩，我就没有那碗饭给他吃么？"（《聊斋俚曲集·慈悲曲》）

[校正]李氏说："你看，我来做嗄来？"赵大姑说："我这里和您家里一样，们哩我就没有那碗饭给他吃么？"

5. 大姐说："俺爹你放心。就难些也罢们哩，还带另嫁哩么？他在时，我还嫌他带累我哩。"（《聊斋俚曲集·翻魇殃》）

[校正]大姐说："俺爹你放心。就难些也罢，们哩还带另嫁哩么？他在时，我还嫌他带累我哩。"

---

① 冯春田：《〈聊斋俚曲〉语法研究》，开封：河南大学出版社 2003 年版，第 2～10 页。

6. 魏名说:“既不吃酒,咱每人一吊钱小顽顽,给春娇打二百头,也不负他的来意。”……仇福说:“我没有钱。”魏名说:“我借上们哩,你还不起我吊钱么?”(《聊斋俚曲集·翻魇殃》)

[校正]魏名说:“既不吃酒,咱每人一吊钱小顽顽,给春娇打二百头,也不负他的来意。”……仇福说:“我没有钱。”魏名说:“我借上,们哩你还不起我吊钱么?”

上　篇
中古汉语疑问句研究

第一章　中古汉语疑问副词概述

表疑问、反诘的语气副词，语义上表示疑问或反问语气，一个句子，因为该类副词的加入，就成为了疑问句或反问句，或者是加强了句式本身的疑问、反诘语气。该类副词大多兼有疑问、反诘两种用法，且彼此之间一般具有衍生关系，通常在句中作状语，修饰动词或动词性短语，少数可以修饰小句。

就学术界目前的研究来看，大家对疑问副词范围的界定并没有取得较为一致的意见。比如“定、竟”，许多学者将其归入疑问副词的行列，事实上，此类“疑问”副词在真性问句及反诘问句中的作用与在陈述句中所表达的强调意义实际是相同的。如“定”，可以用于一般陈述句，表示强调，如“我有急缘定欲出去，汝今在后取甘蔗汁施辟支佛”；“定”又可用来表示肯定推断的语气，如“如是之言多所亏損，此言颠倒定是魔语”；“定”还可以对事情的最终结果进行强调，如“若是汝之祖父已来所有衣者，应当解著，云何颠倒用上为下？以不解故，定知汝衣必是偷得，非汝旧物”；“定”亦可加强疑问语气，如“卿昔为我不了家事，今日定云何?”以上陈述、疑问等不同语境中的“定”，作用都是表示强调，加强语气，不同的是，前者加强确定语气，后者加强疑问语气。在我们所调查的语料中，可兼用于陈述句和疑问句表示强调的这类语气副词还有一些，如“曾、诚、的、端、果、决、审、又”等。“的”可以用在一般陈述句中：“此频频告云‘陶或信不信，欲相试’，今追思不意的有不信事”；“的”也可以用在疑问句中：“若言炳之有诚于国，未知的是何事？政当云与殷景仁不失其旧，与刘湛亦复不疏。”又如现代汉语中的“到底”，用在陈述句及疑问句中所表示的意义也是一致的。对于这类语气副词，我们将其划归表确认强调的副词，这里不再予以讨论。

就我们讨论范围内的表疑问的副词来看，根据它们本身是否具有疑问功能，可以分为两类：一类是“曾但、更、将、将无、可、莫、为、无乃”等。该类语气副词本身并不表示疑问，只是由于它们经常用在疑问环境中，使得它们都具有突显“疑问”意义的功能。与“定、竟”等不同的是，这类副词一般没有用在陈述句中表示强调的情况。而且，从意义的角度来看，其中一些都含有否定义素，有些词如“莫、无乃”干脆本身就是一个否定副词。这些词的否定意义在疑问环境中显然已经弱化，它们对疑问的加强作用又是明显的。但是，这些副词所蕴含的否定义素并没有消失，而是发生了转化，这种转化可以用主观化来概括，即在句中表现说话人的主观感情色彩，表明说话人不情愿或不敢相信事件的发生。因此，这些词一般是出现在意料之外，或具有推论性质的表示不良后果的句子中。一类是“何、那、若为、奚、云何”等。这类副词本身都具有疑问功能，并且一般在作状语之外，还可以在句中作谓语或定语。不过，它们都可以用于表示反诘语气。下面分别加以例释。

一、凸显疑问意义的副词

1. 曾但

“曾但”表示一种测度语气，相当于“莫非”“恐怕”，只见于东汉时期的《太平经》。[①] 如：

(1)“古者帝王祭，天上神下食，此之谓也。”“曾但天精神自下食耶？”(《太平经·九天消失王灾法》)

(2)愿复问一疑，天师今是吉凶，曾但其时运然耶？(《太平经·四行本末诀》)

① 参见葛佳才：《东汉副词系统研究》，第15页。

(3)今能极于此,子曾但见吾言说,反中弃而止耶?(《太平经·急学真法》)

各种辞书均未见收录。对于它的形成过程,特别是其中“但”的性质、由来,目前尚无人论及。我们不揣浅陋,作出推测:“曾但”的形成有可能是对“何但”一词进行词汇替换的结果。下面试作一简单剖析。

“曾”作为副词,曾有两个读音:一为精母,子登切,与“增”同音,是语气副词,现代汉语中已经消失;一为从母,才登切,与“层”同音,是时间副词,与现代汉语同义。“曾但”中的“曾”,毫无疑问,应为语气副词。作为语气副词的“曾”,根据龚波的研究,可以概括为两种基本用法:一是用于句首,加强肯定或否定语气,可解释为“竟然”“根本”“简直”等;二是表示反诘语气,相当于“岂”“难道”。① 很显然,“曾”的反诘语气用法是在前一用法的基础上发展而来的。

“曾”表示反诘语气的用法在先秦汉语和中古汉语中都极为常见。如:

(4)越曾足以为大虞乎?(《国语·吴语》)

(5)谓天谴告,曾谓天德不若淳酒乎!(《论衡·自然》)

这种用法的“曾”通常被解释为“岂”“难道”。《太平经》中也相当常见,如:

(6)时人反言犹恶,故天则杀汝,以过其人,曾不冤乎哉?(《太平经·五事解承负法》)

(7)愚人无知,反以过时君,以责时人,曾不重被冤结耶?(《太平经·五事解承负法》)

由于“何”在古代汉语中也经常用以表示反诘语气,因此大约从西汉时期开始,“曾何”得以同义并列复用。如:

(8)虽穷天地之极变兮,曾何足乎留意。(西汉·刘歆《遂初赋》)

① 参见龚波:《试析“曾”由语气副词向时间副词的发展过程及其意义》,《汉语史研究集刊》第8辑,成都:巴蜀书社2005年版,第464～471页。

(9)遵逝乎归来,以函夏之大汉兮,彼曾何足与比功?(《汉书·扬雄传》)

(10)深厉浅揭,随时为义,曾何贪于支离,而习其孤技邪?(《后汉书·张衡传》)

(11)孝芬将发,入辞,灵太后谓孝芬曰:"卿女今事我儿,与卿便是亲旧,曾何相负?而内头无叉车中,称此老妪会须却之。"(《魏书·崔挺传》)

与此同时,"何但"连用表示反诘语气的用法也开始产生。据《汉语大词典》来看,"何但"有两种解释:一是"岂止"义,如《汉书·严助传》:"且秦举咸阳而弃之,何但越也!"《孔子家语·相鲁》:"虽天下可乎,何但鲁国而已哉!"这种用法较为常见。应该说,这里"但"的"仅""只"义仍然比较明显。二是"何必"义,如《汉书·武帝纪》:"单于能战,天子自将待边;不能,亟来臣服。何但亡匿幕北寒苦之地为?"

"曾""何"本身皆可表示反诘语气,又常常同义并列复用,因此"曾"在某些场合扮演或者说替代"何"的角色而同其他词语构成复合形式来表示反诘语气,应该是一件不难理解的事情。《太平经》中"曾但"有表示反诘语气的用例:"以书付下古之人,各深自实校,为行以何上有益于天君父师?其为行,增但各自佑利而已邪?"尽管例句有限,但这毕竟为我们探索"曾但"的测度用法提供了线索和可能性。就"岂""可""宁"等副词的发展来看,"都是表示反诘在先,表示推度在后,也就是说,作推度副词的用法是从作反诘副词的用法引申而来的。其引申的依据是:反诘是用疑问的形式表示否定,疑问是虚,否定是实,当这种疑问形式不表示否定时,疑问就成了真性的,这样就由反诘引申为推度"①。因此,"曾但"由反诘语气引申出测度用法,也应该是非常可能的一件事情。

不过,这种推测也并非无可挑剔。因为如果认为属于词汇替换,

① 参见刘坚、江蓝生等:《近代汉语虚词研究》,北京:语文出版社1992年版,第246页。

一般来说，这变化应发生在原词所在的语法位置。也就是说，假设认为“曾”是“何”的替换词，那么这个“曾”按说在用法上应以反诘问为常而不应该相反，才跟原式“何但 VP”相配。但是“曾但”的用法又正与“何但”相左，就仅有的 4 例来看，“曾但”有 3 例表示测度。由于“曾但”连用只见于东汉时期的《太平经》，且用例又极其有限，因此我们只能作如下推测：由于“曾但”是个口语词，同时代的文献中极少见，因此“曾但”的反诘用法不能够在语言（包括书面语）里得以充分呈现，那么有关证据便难以见到。

大约在唐五代时期，“曾”开始单独用为测度副词，一般出现在是非问句中，与句末的“不”“否”“无”等相配合使用。如《大唐三藏取经诗话·过长坑大蛇岭处》：“欲经一半，猴行者曰：‘我师曾知此岭有白虎精否？常作妖魅妖怪，以至吃人。’师曰：‘不知。’”

2. 得无、得非、得不

通常与语气词“乎”“耶”等相呼应，表示反诘或疑而有定的测度语气，可解释为“能不”“恐怕”“莫非”等。如：

(1)鬼又曰：“秦王若使三百人，被头，以赤丝绕树伐汝，得无败乎？”（《古小说钩沉·玄中记》）

(2)时有一人病，夜往山中，闻有鬼语树神曰：“秦若使人被发，以朱丝绕树伐汝，汝得不困耶？”（《古小说钩沉·录异传》）

以上例句传达的为反诘语气。

(3)今汉室中兴，大王以亲戚为藩辅，天下未定而安守所保，所保得无不可保乎？（《后汉书·贾复传》）

(4)旻悟曰：“教洗莫洗，得非此也？”（《搜神记》卷三）

这些例句中，“得无”“得非”与句末语气词“乎”“耶”等相配合使用，表示的是疑而有定的测度语气。

“得无”“得非”也可单独表示测度或反诘语气。如：

(5)而猥封谋臣万户以上，高祖闻之，得无见非？西北列将，得无解体？（《后汉书·李云传》）

(6)但圣主膺教，实所沐浴，自上《甘露颂》及《银瓮启》《三日诗

序》《接虏使语辞》,竭思称扬,得非"诽谤"?(《南齐书·王融传》)

3. 独

用于疑问句中,配合语调和句尾语气词"乎""邪"等,加强所在句式的疑问语气。"独"用于反问句中时,以"独不VP乎/邪"式最为常见。如:

(1)子独不闻夫神人乎!噏风饮露,不食五谷。登太清,游山岳,靡芝草,弄白玉。不因而独备,无假而自足。(《晋书·夏侯湛传》)

(2)子独不见河边之树乎?仆御折其枝,波浪激其根,此木非与天下人有仇怨,盖所居者然。(《古小说钩沉·小说》)

以上例句皆为反问句,"独"加强了反诘语气。这种用法上古汉语中已经出现,如《战国策·楚策四》:"王独未见夫蜻蛉乎?"《孟子·滕文公上》:"然则治天下独可耕且为与?"

中古汉语中,"独"发展出在疑问句中加强推测语气的用法。如:

(3)王莽末,光武尝与兄伯升及晨俱之宛,与穰人蔡少公等宴语。少公颇学图谶,言刘秀当为天子。或曰:"是国师公刘秀乎?"光武戏曰:"何用知非仆耶?"坐者皆大笑,晨心独喜。及光武与家属避吏新野,舍晨庐,甚相亲爱。晨因谓光武曰:"王莽悖暴,盛夏斩人,此天亡之时也。往时会宛,独当应耶?"(《后汉书·邓晨传》)

(4)孜以方营大功,乃弃其妻,镇宿墓所,列植松柏亘五六里。时有鹿犯其松栽,孜悲叹曰:"鹿独不念我乎?"(《晋书·孝友·许孜传》)

(5)卢贞遂得出。忽见一曾邻居者,死亡七八年矣,为太山门主,谓卢贞曰:"索都督独得归邪?"(《古小说钩沉·幽明录》)

4. 敢

用于反问句中,表示反诘,相当于"岂敢""安敢"。如:

(1)昔虞舜事父,大杖则走,小杖则受。臣虽不敏,敢忘斯义?(《后汉书·隗嚣传》)

(2)下官殿下之鹰犬,敢不惟命是听?(《晋书·慕容垂载纪》)

"敢"原为助动词,有"可""能""会"等义。"敢"在反问句中表示反诘的用法早在上古汉语中已经出现，如《左传·昭公十二年》："周不爱鼎，郑敢爱田？"此句在《史记·楚世家》里作"郑安敢爱田？"中古汉语中该种用法得到延续。刘坚、江蓝生等认为，助动词"敢"虚化为疑问副词是在反问句这种语境中形成的。助动词"敢"位于动词之前，其位置与疑问副词相当；在反问句中，"敢"的语义与它原来的意义正相反，犹"不敢"，用疑问形式表示就是"安敢""岂敢"。[①] 由于这种句式的惯用，便使"敢"带上了反诘副词的意味，进而虚化为一个疑问副词。

5. 更

大约东汉时期，"更"开始进入反问句，并发展出表示反诘语气的用法，义为"难道"。"更"常与句末疑问语气副词"乎""邪"等配合使用。如：

(1)帝曰："如卿意，更当以虏遗子孙邪？"(《三国志·魏志·辛毗传》)

(2)峻望见胤走，曰："孝能破贼，我更不如乎！"(《晋书·苏峻传》)

(3)近皇太子在西林园，在于殿，犹且东面，于北城非宫殿之处，更不得邪？(《全北齐文·太子监国冬会议》)

也可句末不带语气词，"更"配合语调表达反诘意味。如：

(4)桓玄欲以谢太傅宅为营，谢混曰："召伯之仁，犹惠及甘棠；文靖之德，更不保五亩之宅？"玄惭而止。(《世说新语·规箴》)

"更"表示反诘，应是其转折用法应用于反问句，受语境义逐渐浸染的结果，因为反问句"就是对与现实或情理相反的情况或可能提出质问"[②]。一些例句可理解为反诘语气亦可译作转折语气的两解情况，当为明证。如：

(5)存素不服庞统，统中矢卒，先主发言嘉叹，存曰："统虽尽忠可

① 参见刘坚、江蓝生等：《近代汉语虚词研究》，第247页。

② 参见董志翘、蔡镜浩：《中古虚词语法例释》，第196页。

惜，然违大雅之义。”先主怒曰：“统杀身成仁，更为非也?”(《三国志·蜀志·杨戏传》)

“杀身成仁”与“为非”在情理上是相反的，故“更为非”的“更”既可理解为“难道”，亦可解释作转折语气词“反而”。由此可见，一开始是把转折语气词用在反问句中，才使“更”逐渐发展成为表示反诘语气的副词。

6. 将

可以表示推测动作行为或状况发展的测度、委婉语气，相当于“莫非”“或许”“恐怕”等。句末常有语气词“乎”“耶”“邪”等与之相呼应。上古汉语中已经出现，只是尚不多见，到了中古汉语中开始盛行。如：

(1)九亲惊曰：“古世之来未闻幼孩而为斯云。将是天龙鬼神之灵乎？当卜之焉。”(《六度集经·布施度无极章》)

(2)婆罗门言：“君今迟疑，何所思虑？将虑我非婆罗门受持禁戒博学人耶？若有此虑，我实是也。”(《菩萨本缘经·一切持王子品之余》)

(3)亮呼吏持饧器入，问曰：“此器既盖之，且有掩覆，无缘有此，黄门将有恨于汝邪?”(《三国志·吴志·三嗣主传》注引《江表传》)

对于测度语气副词“将”的产生，目前见到的解释有三种：(1)高育花的引申虚化说，认为由本义引申而为推进义，进一步虚化为表示未然的时间副词，并在此基础上同时发展出表示肯定判断和不定推测的语气副词用法。[①] (2)葛佳才的假借说，认为“‘将’用为语气副词，或为假借字，与本义无关”[②]。(3)《常用文言虚词通俗解》中的通假说，“‘将’与‘当’在上古韵部相同，读音相近，故‘将’通假作‘当’，表示‘将近、将要、要’等意思”[③]。我们倾向于“将”假借为时间副词，并由此发展出语气副词的用法。

---

① 参见高育花：《中古汉语副词研究》，第170页。

② 葛佳才：《东汉副词系统研究》，第241页。

③ 周绪全：《常用文言虚词通俗解》，重庆：重庆出版社1993年版，第82页。

“将”也可表示反诘语气。如：

(4)窃人之财，犹谓之盗，子玄假誉攘善，将非盗乎！(《晋书·秦秀传》)

(5)冯衍有言，大汉之贵臣，将不如荆、齐之贱士乎？(《宋书·自序》)

(6)故来相慰，当何所畏，将须然火？(《古小说钩沉·述异记》)

7. 将无、将非、将不

详见本篇第三章专题探讨。

8. 可

大约东汉时期，“可”开始用作语气副词，表示反诘，可解释为“岂”“难道”等。就句法结构讲，“可”表反诘时以句末带语气词“乎”“耶”为常，也可不带任何语气词，配合语调表达反诘意味。如：

(1)生地之物，更从天集，生天之物，可从地出乎？(《论衡·感虚》)

(2)如以上世人民侗长佼好，坚强老寿，下世反此，则天地初立，始为人时，长可如防风之君，色如宋朝，寿如彭祖乎？从当今至千世之后，人可长如荚英，色如嫫母，寿如朝生乎？(《论衡·齐世》)

(3)帝王历数岂有常哉？惟德之所授耳。汝所以不如吾者，正病此不达变通大运。刘禅可非汉之遗祚？然终为中国之所并。(《晋书·苻坚载记下》)

(4)犹如叔伯兄弟，酷类先人，可得终身肠断，与之绝耶？(《颜氏家训·风操》)

大约至南北朝时期，“可”又发展出表示推度询问的语气，可解释为“是否”。“可”使句子语气较为和缓，风格较为文雅。如：

(5)王褒地胄清华，才学优敏，后虽入关，亦被礼遇。犹以书工，崎岖碑碣之间，辛苦笔砚之役，尝悔恨曰：“假使吾不知书，可不至今日邪？”(《颜氏家训·杂艺》)

据《近代汉语虚词研究》考察，这种用法的“可”直到唐五代还比较少见，多出现在诗词和禅宗语录里。其后的动词比较单调，多为

“能”和“是”。所举时代最早的例句是李商隐的七言诗[①]：

(6)堪叹故君成杜宇，可能先主是真龙？将来为报奸雄辈，莫向金牛访旧踪。(《井络诗》)

蒋绍愚也补充了《诗词曲语词汇释》卷一对“可”的解释，认为“可”与“岂”一样，在表示反诘语气之外，还可以表示推测，并以杜甫诗为例[②]：

(7)此时对雪遥相忆，对客逢春可自由？(《和裴迪登蜀州东亭送客逢早梅相忆见寄》)

(8)桃花一簇开无主，可爱深红爱浅红？(《江畔独步寻花七绝句之五》)

“可”原为助动词，之所以能够发展出表反诘和测度的用法，据刘坚、江蓝生等研究，是反问句的语境使“可”逐渐带上了反诘的意味，并进而虚化为疑问副词。[③]

9. 莫

详见本篇第五章专题探讨。

10. 宁、宁复

语气副词“宁”在先秦汉语中已经产生，用以表示反诘，义同“岂”。中古文献中仍然常见。如：

(1)凡人之生，群居杂处，故有经纪礼义以相交接。汝独不欲修之，宁能高飞远走，不在人间邪？(《后汉书·卓茂传》)

大约自汉代始，“宁”又在反诘的基础上发展出表示推度询问的用法。先看“宁 VP 不/未/否？”的例子：

(2)子永，中兴初为鲁郡太守。永子昱从容问少君曰：“太夫人宁复识挽鹿车时不？”(《后汉书·列女·鲍宣妻传》)

(3)太祖问曰：“胡通达，长者也；宁有子孙不？”(《三国志·魏

① 刘坚、江蓝生等：《近代汉语虚词研究》，第 241～243 页。

② 蒋绍愚：《汉语词汇语法史论文集》，北京：商务印书馆 2001 年版，第 19 页。

③ 参见刘坚、江蓝生等：《近代汉语虚词研究》，第 248 页。

志·胡质传》)

(4)慰祖卖宅四十五万,买者云:"宁有减不?"(《南齐书·文学·崔慰祖传》)

(5)名伪凡事,所求者得天与地,无可大负于此人也。真人宁亦大觉未?(《太平经·流灾求奇方诀》)

(6)天独怒而不应和人,宁可知否?(《太平经》卷一百三十七至一百五十三)

下面是"宁 VP 不乎/耶/邪/哉"与"宁 VP 未哉"的例句:

(7)天帝释告诸天曰:"宁欲见南王不乎?"(《六度集经·摩调王经》)

(8)今人共害其父母,逆其政令,于真人意,宁可久养不邪?(《太平经·起土出书诀》)

(9)王即纳之幔里,别座坐之。会诸群臣,则诏之曰:"卿等宁见前所逐梵志不耶?"(《生经·佛说五仙人经》)

(10)天无过也,人自得之。子宁重晓不哉?(《太平经·冤流灾求奇方诀》)

(11)今子比连时来学,问事虽众,多畜积文,则未能纯信吾书言也,得此宁解未哉?(《太平经·案书明刑德法》)

"宁"也可用于是非问句中,句末常有语气词"乎""耶"等与之呼应。如:

(12)愿请问人行忠直有实,宁可知邪?(《太平经·敬事神十五年太平诀》)

(13)光武见之甚欢,谓曰:"我得专封拜,生远来,宁欲仕乎?"(《后汉书·邓禹传》)

(14)帝雅好文章,自见骃颂后,常嗟叹之,谓侍中窦宪曰:"卿宁知崔骃乎?"(《后汉书·崔骃传》)

"宁"偶尔用于选择问句。如:

(15)后宫婢六人召入,出语武曰:"昭仪言女无过。宁自杀邪,若外家也?我曹言愿自杀。"即自缪死。(《全汉文·奏劾赵皇后娣娣》)

(16)子宁解耶？不解邪？(《太平经·校文邪正法》)

(17)宁隐居行义，推至诚乎？将崇饰矫诬，养虚名乎？宁斥逐凶佞，守正不倾，明臧否乎？将傲倪滑稽，挟智任术，为智囊乎？宁与王乔、赤松为侣乎？将进伊挚而友尚父乎？(《全三国文·卜疑》)

“宁复”经由附加式构词法形成，义同“宁”，大约产生于东汉时期。如：

(18)真人熟思吾书言，天下过，宁复有大于是死者邪？(《太平经·冤流灾求奇方诀》)

(19)永子昱从容问少君曰：“太夫人宁复识挽鹿车时不？”(《后汉书·列女·鲍宣妻传》)

(20)又问周曰：“宁复有所怪邪？”周曰：“未达也。”(《三国志·蜀志·杜琼传》)

11. 颇(叵)

“颇”用作表疑问的语气副词，大约始于汉代，一直延续到唐代。通常用于“颇VP不/未/否”式中。如：

(1)今此都下，颇有神人可师宗者不？(《中本起经·佛食马麦品》)

(2)给使白诞曰：“人盗君膏药，颇知之否？”(《搜神记》卷十七)

(3)即问女言：“颇有人来求索汝未？”(《贤愚经·须达起精舍品》)

“颇”也可与疑问语气副词“乎”相配合，构成“颇VP乎”式，但较为少见。如：

(4)魏文帝善之，嘲咨曰：“吴王颇知学乎？”(《三国志·吴志·吴主传》注引《吴书》)

(5)充又谓曰：“昔尧亦歌，舜亦歌，子与人歌而善，必反而后和之，明先圣前哲无不尽歌。卿颇能作卿土地间曲乎？”(《晋书·隐逸·夏统传》)

“颇”也可偶尔不带任何语气词，配合语调表达测度语气。如：

(6)比晓，复谓行人曰：“台军昨夜已至高阳，我是前锋，今始到此，颇知侯公竟在何处？”(《魏书·侯渊传》)

由于“叵”“颇”二字音同，所以佛经中二者有通借之例，但较为少见。如：

(7)今此世间，叵有人能有大气力如我者不？(《撰集百缘经·罽宾宁王缘》)

对于语气副词"颇"的形成，刘坚、江蓝生等推断，"颇"实即"叵"，它来自"不可"义的"可"。[①] 因为助动词"可"用于反问句时，"可"义相当于"岂可"或"岂"。与此相对，当"可"用于非真性反问句时，"可"义相当于"不可"。也就是说，"可"既有"可"义，又有"不可"义，犹如一个反训词。"不可"合音为"叵"，"叵"又通借为"颇"。

12. 其

可用于疑问句或陈述句，表示对情况的推测、不敢肯定，义为"恐怕""大概""或许"等。句法位置较为自由，既可置于小句句首，亦可处于谓语之前。句末通常有语气词"乎"与之相呼应。如：

(1)初，道士西门君惠、李守等亦云刘秀当为天子。其王者受命，信有符乎？不然，何以能乘时龙而御天哉！(《后汉书·光武帝纪下》)

(2)诏李少君与之语曰："朕思李夫人，其可得见乎？"(《拾遗记》卷五)

"其"亦可表示反诘，但语气较为缓和。通常用于小句句首，义为"还""又"等。表示反诘时，"其"多见于特指问句，且句尾以不用语气词为常。如：

(3)夫弃兄弟而不亲，天下其谁亲之？(《后汉书·袁绍传》)

(4)义自当有难易，其以一卦为限邪？(《世说新语·文学》)

(5)向天穿针，不见天者，其轻于天？意有所在耳！(《古小说钩沉·小说》)

13. 岂、岂复、岂可

"岂"，又作"讵"，表示反诘和推度询问。"岂"作反诘副词的用法，先秦汉语中已经产生，一直沿用至今。中古汉语中不乏其例。如：

---

① 参见刘坚、江蓝生等：《近代汉语虚词研究》，第248～249页。

(1)君昔岁害兄,今又杀弟;自古多士,岂有如此举动?(《古小说钩沉·裴子语林》)

后来,“岂”由表反诘发展出推度询问。作为测度副词的用法在近现代汉语中已经消失,在先秦至隋唐时期的使用频率也相对较低。它通常与语气词“乎”“耶(邪)”“不”等相呼应。如:

(2)高皇帝封吴王,送之,拊其背曰:“汉后五十年,东南有反者,岂汝邪?”到景帝时,濞与七国通谋反汉。(《论衡·实知》)

(3)王问其仆:“太子又出,意岂乐乎?”(《修行本起经·游观品》)

“岂”也可以不带语气词,单独表示推度询问。如:

(4)帝曰:“殿下有怪,夜半后,常有数人,绛衣披发,持火相随。岂能劾之?”倓曰:“此小怪,易消耳。”(《搜神记》卷二)

“岂”表推测时,有时和其他表测度的疑问副词构成选择问句。如:

(5)耿弇决策河北,定计南阳,亦见光武之业成矣。然弇自克拔全齐,而无复尺寸功。夫岂不怀?将时之度数,不足以相容乎?(《后汉书·耿弇传》)

“岂复”是经由附加式构词法形成的复音词,用于表示反诘,义同“岂”,大约东汉时期开始出现。如:

(6)高祖尝与陈平金四万斤以间楚军,不问出入所为,岂复疑以钱谷间哉?(《全后汉文·诣阙上书理马援》)

(7)夫五刑之罪,莫大于不孝。夫人有子不孝,尚告治之。此儿岂复成人主邪?(《全三国文·听收成济诏》)

(8)帝曰:“昔文王以西伯王天下,岂复在东乎?”(《三国志·吴志·吴主传》注引《吴书》)

(9)刘彧威不制秣陵,政不出阃外,岂复能浮江越海,赴危救急?(《魏书·慕容白曜传》)

“岂可”为同义并列复词,义同“岂”,大约东汉时期开始出现。如:

(10)主簿乃上书曰:“臣为陛下子,陛下为臣父。臣章百上,终不

见省，臣岂可北诣单于以告怨乎？"（《后汉书·虞诩传》）

中古汉语中，"岂""可"连用的例句屡见不鲜，但其中的"可"多为助动词，真正作为同义并列复词使用的"岂可"非常有限。唐代之后，表示推度语气的"岂"大多为"可""颇"所代替。

14. 为、为复、为当

"为"在疑问句中用作语气副词，是中古汉语所特有的语言现象。"为"可以用在多种问句中。下面根据"为"构成的疑问句式分别加以例释：

其一，"为""为复""为当"用于选择问句。

（1）群臣俱前，直揖却坐而白佛言："顷承释子，端坐六年，道成号佛，为实尔不？是世所美乎？"（《中本起经·度波斯匿王品》）

（2）臣等所领三万六千诸小王辈为当都去，将半来耶？（《撰集百缘经·罽宾宁王缘》）

（3）余曩闻刘荆州尝自作书欲与孙伯符，以示祢正平，正平蚩之，言："如是为欲使孙策帐下儿读之邪，将使张子布见乎？"（《三国志·吴志·张昭传》注引《典略》）

（4）郗重熙与谢公书，道王敬仁："闻一年少怀问鼎，不知桓公德衰？为复后生可畏？"（《世说新语·排调》）

（5）且诸师所说，为是可毁？为不可毁？若可毁者，毁故为衰；若不可毁，毁自不及。（《全陈文·明道论》）

"为复""为当"经由附加式构词法而形成，大约产生于魏晋前后，以用于选择问句中为常。

其二，"为"用于反复问句。

（6）时须达长者复来到边，复问彼人："汝捉此花，为欲卖不？"皆言欲卖。（《撰集百缘经·王家守池人花散佛缘》）

（7）阁上人曰："闻鱼龙超修精进，为信尔不？何所修行？"（《古小说钩沉·幽明录》）

（8）海神重问："汝今所说，为至诚不？"（《贤愚经·海神难问船人品》）

刘坚、江蓝生认为该式中的“为”在句中起助疑的作用，含有推度的语气，用“为”比不用“为”语气显得委婉、和缓。①

从汉语选择疑问焦点标记演变的历史来看，以上两种句式中的“为”的源头应该是准系词。何亚南、张爱丽认为，在选择问句中“为”作为准判断词的语义功能并未完全消失，只是在这种具体语境中受到了暂时抑制。②

这两种句式中的“为”，许多学者将其视为选择连词，刘坚、江蓝生将之定性为疑问副词。③ 何亚南、张爱丽认为由“为”参与构成的选择问句是其他句式中的“为”产生的句式基础，而“为”的准判断词用法则是其语义基础。④

其三，“为”用于是非问句。

(9)兽迹历兹而云不见，王势自在，为不能戮尔乎？(《六度集经·忍辱度无极章》)

(10)温峤不拜，以未得改卜葬送，朝议又颇有异同。为审由此邪？(《晋书·礼志中》)

(11)帝问：“为是出天子邪？”答曰：“非出天子，能致天子问耳。”(《世说新语·术解》)

(12)策因此激怒，言：“我为不如吉耶，而先趋附之？”便使收吉。(《搜神记》卷一)

其四，“为”“为当”用于特指问句。

(13)空中声曰：“善哉，须达！心至乃尔！”即问空声：“为是何神？”便答之曰：“吾是子亲摩因提也。”(《中本起经·须达品》)

(14)夫从外来，见妇头上无有珠鬘，寻即问言：“汝此珠鬘，为当

① 参见刘坚、江蓝生等：《近代汉语虚词研究》，第255页。

② 参见何亚南、张爱丽：《中古汉语疑问句中“为”字的词性及来源》，《南京师范大学学报》2002年第6期。

③ 参见刘坚、江蓝生等：《近代汉语虚词研究》，第254页。

④ 参见何亚南、张爱丽：《中古汉语疑问句中“为”字的词性及来源》，《南京师范大学学报》2002年第6期。

与谁?"(《撰集百缘·经额上有真珠鬘比丘尼缘》)

(15)是时婆罗门即作是念:"此兔今日为何所见?见死兔耶?或死鹿乎?"心即欢喜,燃火诵咒。(《菩萨本缘经》卷下)

(16)我向来逢见数人,担谷从门出,若不粜者,为是何事?(《古小说钩沉·幽明录》)

对于这两种疑问句式中"为"的性质,目前还没有完全一致的看法。代表性观点有以下几种:(1)刘坚、江蓝生等称之为"疑问副词"①。(2)董志翘、蔡镜浩认为:"为,副词,用在动词前,表不确定推测语气,可译作'或许'、'大概'等。"②(3)何亚南、张爱丽将这类"为"定性为加强疑问语气的语气副词。③

就"为"在以上句式中的作用来看,无论是在选择问句、反复问句,还是在是非问句、特指问句中,起的都是增强疑问语气的作用,它本身并不表示任何疑问语气。因此,我们赞同将"为"视为加强疑问语气的语气副词。

15. 无乃

通常与语气词"乎""焉""与"等呼应,表示反问或推测语气,义为"恐怕""莫非""不是"等。如:

(1)府君不希孔圣之明训,而慕夷、齐之末操,无乃皎然自贵于世乎?(《后汉书·王龚传》)

(2)参军见鼠白日行,以手板打杀之。意不悦,门下起弹;辞曰:"鼠被害,尚不能忘怀,今复以鼠损人,无乃不可乎?"(《古小说钩沉·裴子语林》)

"无"的基本意义是"没有",在上古汉语中用法较为复杂,既可以作代词,释为"没有谁""没有什么",也可以作副词、介词和语气词。

---

① 参见刘坚、江蓝生等:《近代汉语虚词研究》,第254页

② 董志翘、蔡镜浩:《中古虚词语法例释》,第526～527页。

③ 参见何亚南、张爱丽:《中古汉语疑问句中"为"字的词性及来源》,《南京师范大学学报》2002年第6期。

作副词时，既可表一般否定和未然否定，又可表示禁止或劝阻。据王力研究，“有时候，‘毋’(无)和‘勿’当‘不’讲，往往是指一些不应该做的事情或者是不希望出现的事情”[①]。如《论语·学而》：“君子食无求饱，居无求安。”《左传·文公十二年》：“不有君子，其能国乎？国无陋矣。”“无乃”即是在表劝止的语义基础发展而来的。其中表示测度语气的是“无”，“乃”的作用只是加强肯定，表示其后所确认的是某种事实。因此，有的语法书将“无乃”视为词组或副词性结构而非凝固词。但是，“乃”在这里又是必不可少的。许多语言中的事实都表明：否定性语素在语音上缺乏独立性，常需要其他词汇性成分的支持。在语言发展史中存在的否定性语素与其他语素发生粘合的例子是相当普遍的。比如，汉语中的动词“不失”，副词“不免”“未免”“无防”“非常”，助动词“不得”“不堪”，名词“不测”“不满”，连词“不管”“不论”“否则”等，都是否定词与其后中心词发生粘合的现象。[②]

16. 庸

通常用于小句句首，与疑问语气词“乎”等相呼应，可解释为“难道”“怎么”“哪里”等。如：

今子责匹夫以清宇宙，庸可以水旱而累尧、汤乎？（《后汉书·蔡邕传》）

二、具有疑问功能的副词

1. 何必

用于谓语动词之前，表示反诘，义为“不必”。如：

(1)妻每谏恢曰：“昔人有容身避害，何必以言取怨？”（《后汉书·乐恢传》）

(2)夫宋人父子修善如此，神报之，何必使之先盲后视哉？（《论

① 王力：《汉语语法史》，《王力文集》第 11 卷，济南：山东教育出版社 1990 年版，第 183～184 页。

② 董秀芳：《“不”与所修饰的中心语的粘合现象》，《当代语言学》2003 年第 1 期。

衡·福虚》)

2. 何尝、曷尝

用于谓语动词之前或小句句首,表示反诘,可解释为"何曾""哪曾"等。如:

(1)自古受命及中兴之君,曷尝不得贤人君子与之共治天下者乎?(《三国志·魏志·武帝纪》)

(2)何尝见明镜疲于屡照,清流惮于惠风?(《世说新语·言语》)

3. 何曾

用于谓语动词之前,表示反诘,可解释为"何尝""哪曾"等。如:

(1)文筵讲席,朝游夕宴,何曾不同?(《全梁文·与张缅弟缵书》)

(2)无名无相,何曾有得?寄以名相,假言有得。(《全梁文·令旨解法身义》)

(3)何曾不想树嗟风,瞻天愧日。(《全北齐文·天柱山铭》)

(4)卢姬小来事魏王,自有歌声足绕梁,何曾织锦,未肯挑桑,终归薄命,著罢空床。(《全后周文·鸳鸯赋》)

4. 何忽

通常用于动词或动词性短语之前,表示询问、疑问或诘问语气。如:

(1)主簿令干入白令。令曰:"何忽作鱼?"干曰:"明府亦作鱼。"遂沦为湖。(《搜神记》卷十三)

(2)朔至,呼短人曰:"巨灵,汝何忽叛来,阿母还未?"(《古小说钩沉·汉武故事》)

以上例句表示疑问或询问。下面的例句表示反诘语气:

(3)上微行,至于柏谷,夜投亭长宿,亭长不内,乃宿于逆旅。逆旅翁谓上曰:"汝长大多力,当勤稼穑;何忽带剑群聚,夜行动众?此不欲为盗则淫耳。"(《古小说钩沉·汉武故事》)

(4)浚尝谓义綦曰:"陆士衡诗云:'营道无烈心。'其何意苦阿父如此?"义綦曰:"下官初不识,何忽见苦?"(《宋书·宗室·长沙景王

道怜传》)

(5)汝辈窃议亦当云:“何日不学?在天地间可嬉戏,何忽自课谪?幸及盛时逐岁暮,何必有所减?”(《南齐书·王僧虔传》)

(6)安民道:“敬儿书疏,墨迹炳然,卿何忽作此语?”(《南齐书·谢超宗传》)

(7)母大怒,詈之苦切,曰:“汝自有妻妾侍婢,少盛如花,何忽共许高丽婢奸通,令致此罪?我得高丽,当啖其肉。”(《魏书·献文六王·北海王详列传》)

就中古文献中的“何忽”来看,其基本意义是在问句中表示疑问、询问或反诘、并主要是表示反诘语气。这种用法一直沿用到唐宋时期。如:

(8)少小期黄石,晚年游赤松。应成羽人去,何忽掩高松?(卢思道《春夕经行留侯墓》)

(9)神童贾嘉隐七岁时被召见,时太尉长孙无忌、司空李于朝堂立语,李戏之曰:“吾所倚者何树?”嘉隐对曰:“松树。”李曰:“此槐也,何忽言松?”(《大唐新语·聪敏》)①

据钟兆华考察,“何忽”较早的例句见于晋代,并与“那忽”有着大体相同的历史存在时期,二者应是汉语史上同一历史时期内的一对同义词。②

5. 何事

“何事”通常用于动词性谓语之前,表示询问或诘问语气,可解释为“为何”“岂”“何必”“不必”等。

“何事”询问原因或以追问原因的方式表示诘问时,以句末不带语气词为常。如:

(1)又谘:体既无两,何事须即?(《全梁文·令旨解二谛议》)

(2)胥曰:“洛阳既称盛美,何事迁邺?”(《魏书·李平传》)

---

① 转引自钟兆华:《疑问副词“何忽”》,《语文研究》2002年第4期。

② 参见钟兆华:《疑问副词“何忽”》,《语文研究》2002年第4期。

(3)桓公既废海西,立简文。侍中谢公见桓公,拜,桓惊笑曰:“安石,卿何事至尔?”(《世说新语·排调》)

以上3例皆是问答形式,“何事”是用来表示询问的,可解释为“为何”。“何事”的该种用法较为少见,更多情况下是以追问原因的方式表示诘问语气。如:

(4)仆于尚书,人地本悬,至于婚宦,不至殊绝。今通塞虽异,犹忝气类,尚书何事乃尔见苦?(《南齐书·王僧虔传》)

(5)晏初得班剑,抃谓之曰:“身家太傅裁得六人。君亦何事一朝至此。”晏甚惮之。(《南齐书·谢抃传》)

(6)昭明历郡皆有勤绩,常谓人曰:“人生何事须聚蓄,一身之外,亦复何须?子孙若不才,我聚彼散;若能自立,则不如一经。”(《南齐书·良政·裴昭明传》)

“何事”偶尔和句末语气词“邪”相配合表示反诘,解释为“岂”“难道”较为妥帖。如:

(7)时国无嗣主,内外恇惧,闳白元后,请夺之;即带剑至宣德后闼,举手叱贤曰:“宫车晏驾,国嗣未立,公受恩深重,当俯伏号泣,何事久持玺绶以待祸至邪!”(《后汉书·张步传》)

(8)夫富贵宠荣,臣所不能忘也!刑罚贫贱,臣所不能甘也。今恭命则愈,违命则苦,臣虽不达,何事背时违上,自贻患责邪?(《全晋文·让中书监表》)

“何事”也可用反问的语气表示否定,可解释为“何必”“不必”等。如:

(9)陛下可得雍容都城,何事劳动銮驾,暴露于边境哉?(《全三国文·上疏陈审举之义》)

(10)诸将皆请乘胜击温邵,侃笑曰:“吾威名已著,何事遣兵,但一函纸自足耳。”(《晋书·陶侃传》)

(11)青素相因,代有损益,何事弃盛宋之兴法,追往晋之颓典?(《全宋文·驳王俭公府长史朝服议》)

据蒋绍愚考证,“何事”的“这个意思是从‘缘何事’省略为‘何事’，然后变化而来的。李白《横江词》：‘郎今欲渡缘何事，如此风波不可行。’其中的‘何事’是名词。李白《醉后赠从甥》：‘丈夫何事空啸傲，不如烧却头上巾。’‘何事’可以看作是‘缘何事’的省略，也可以直接读作‘何为’”①。

6. 何须

用于动词性或形容词性谓语之前，表示反诘，可解释为“难道要”“何必”等。如：

(1)使孔子徒欲表善颜渊，称颜渊贤，门人莫及，于名多矣，何须问于子贡？(《论衡·问孔》)

(2)琳之谓曰：“我触忤宰相，正当罪止一身尔，汝必不应从坐，何须勤勤邪！”(《宋书·孔琳之传》)

7. 何意

通常用于询问原因或表示诘问语气，句末以不用语气词为常。如：

(1)质于义宣虽为兄弟，而年大近十岁，义宣惊曰：“君何意拜弟？”(《宋书·臧质传》)

(2)上见而惊曰：“卿何意乃尔急装？”庆之曰：“夜半唤队主，不容缓服。”(《宋书·沈庆之传》)

(3)肃因戏勰云：“何意《悲平城》为《悲彭城》也？”(《魏书·祖莹传》)

(4)经师又问：“若神敬信，何意前二师并皆打死？”(《古小说钩沉·旌异记》)

以上例句中，“何意”或表示询问，如例(1)(2)(3)；或表示疑问，如例(4)。

(5)空中有骂者曰：“虞晚，汝何意伐我家居？”(《古小说钩沉·幽明录》)

(6)吾前后有敕，非复一两过，道诸王不得作乖体格服饰，汝何意都不忆吾敕邪？(《南齐书·武十七王·庐陵王子卿传》)

---

① 转引自董志翘、蔡镜浩：《中古虚词语法例释》，第232页。

(7)尝朝南殿,见典御进新冰,钩盾献早李,还索不得,遂大怒,诟曰:“至尊已有,我何意无?”(《颜氏家训·教子》)

这3例既不表疑问,亦不表询问,而是以诘问的形式进行责备。

据董志翘、蔡镜浩考察,“意”在魏晋之时有“原因”义,如《三国志·魏志·夏侯玄传》注引《魏氏春秋》:“帝怒,将问丰死意,太后惧,呼帝入,乃止。”故“何意”即“什么原因”。[①] 如:

(8)王颜色瘦弱,何意邪?腹中调和不?今者食几许米?又啖肉多少?(《全三国文·与陈王植手诏》)

(9)小儿啼泣歔欷,此人喻止之,不住啼,遂至晓。览问何意。曰:“是仆儿。其母当嫁,悲恋,故啼耳。”(《古小说钩沉·录异传》)

当作状语时,“何意”不再是一个偏正词组,而凝固成为一个双音节的虚词。

8. 何有

东汉前后,“何有”产生了于疑问句中表示诘问语气的用法,可解释为“岂有”“哪有”等。“何有”通常与语气词“乎”“耶”相配合使用。如:

(1)瞿昙可笑,反论失理。何有恩爱而生忧悲耶?(《中本起经·须达品》)

(2)及琮之部,升车言曰:“刺史当远视广听,纠察美恶,何有反垂帷裳以自掩塞乎?”(《后汉书·贾琮传》)

(3)后与邻船至下邳卖锄,不时售。云:“欲归。”人不信之,曰:“何有千里暂得归耶?”(《搜神记》卷十五)

也可句末不带语气词,配合语调表达反诘意味。如:

(4)阜厉声责洪曰:“男女之别,国之大节,何有于广坐之中裸女人形体?虽桀、纣之乱,不甚于此。”(《后汉书·杨阜传》)

(5)木匠答言:“无有是事!何有不作最下重屋而得造彼第二之屋?不造第二,云何得造第三重屋?”(《百喻经·三重楼喻》)

---

① 参见董志翘、蔡镜浩:《中古虚词语法例释》,第239页。

(6)又问:"纵可无村及以无树,何有天下无东无时?知尔妄语,都不可信。尔偷牛食不?"(《百喻经·偷犛牛喻》)

9. 何缘

通常用于动词性谓语之前,表示询问或诘问,相当于"为什么""怎么""哪里""岂"等。如:

(1)天子后为众子无服。何以明之?据大夫于庶子大功,其妻亦服大功;今天子、诸侯于众子无服,后何缘独服之邪?(《全三国文·皇后降服》)

(2)州郡不上,陶何缘知?疑陶与贼通情。(《后汉书·刘陶传》)

(3)眇以问弟,弟大骂曰:"何缘有此?必是妖鬼。"敕令扑杀。(《古小说钩沉·幽明录》)

(4)跪答曰:"他人射鹿,我加创耳。又不啖肉,何缘受报?"(《古小说钩沉·冥祥记》)

以上例句中的"何缘"传达的是一种反诘语气。"何缘"也可表示真性询问。如:

(5)其妇怀妊,臭不可近。夫便问言:"汝先不尔,今者何缘有此臭秽?"(《撰集百缘经·啖婆罗似饿鬼缘》)

(6)王子见已,即命令坐,行水施果,然后问讯:"汝何缘至此耶?将非厌家之过患乎?……"(《菩萨本缘经·一切持王子品之余》)

(7)道士以药传身。太子忽然兴(醒)曰:"吾何缘在斯乎?"从者具陈所以。(《六度集经·忍辱度无极章》)

就文献调查来看,表真性询问的"何缘"仅在汉译佛经中偶有使用,中土文献中基本不见。

10. 何足

"何足"可不带语气词,仅配合语调传达反诘语气,意为"何必""哪里值得"等。如:

(1)卜阳等财宝足富数世,诸卿但不并力耳。所亡少少,何足介意!(《后汉书·度尚传》)

(2)公勋德兼美,朝廷钦属,选众而举,何足为辞?(《全后周文·答李远》)

"何足"也可与语气词"乎""耶""哉"等相配合使用。如:

(3)天下雄雌未定,公孙不吐哺走迎国士,与图成败,反修饰边幅,如偶人形。此子何足久稽天下士乎!(《后汉书·马援传》)

(4)月氏兵虽多,然数千里窬葱领来,非有运输,何足忧邪?(《后汉书·班超传》)

(5)臣闻千钧之弩不为鼷鼠发机,万石之锺不以莛撞起音,今区区之许攸,何足以劳神武哉?(《三国志·魏志·杜袭传》)

(6)孟达小子,昔事振威不忠,后又背叛先主,反覆之人,何足与书邪?(《三国志·魏志·费诗传》)

11. 那、那忽

详见本篇第四章专题探讨。

12. 奈何

用于句首或谓语之前表示询问或反诘。如:

(1)今天下几里,列郡几城,奈何以区区渔阳,而结怨天子?(《后汉书·朱浮传》)

(2)君奈何与小人同舆?(《世说新语·贤媛》注引《晋阳秋》)

"奈何"有时充任谓语,用于情状询问。如:

(3)皆曰:"神意已可知也,以一女而灭一门,奈何?"(《搜神记》卷四)

(4)淮南王若道遇疾死,则陛下有杀弟之名,奈何?(《宋书·武二王·彭城王义康列传》)

13. 若为

南北朝时,"若"与"为"组成"若为"表疑问。《助字辨略》卷五:"若为,犹云如何也。"王利器《颜氏家训集解》引刘盼遂语云:"'若为',晋宋以来通语,犹今人之言'怎么样'矣。"

"若为"一般在句中作状语,用于询问原因或方式方法。如:

(1)又问曰:"后当若为死?"答曰:"为人作屋,落地死。"(《古小说

钩沉·幽明录》)

(2)僧远问僧绍曰:"天子若来,居士若为相对?"(《南齐书·高逸·明僧绍传》)

(3)子良因问:"不审若为治疗?腹中又有结病,何当得除?"(《周氏冥通记》卷一)

(4)书讫,帝曰:"将安朕何所?复若为而去?"(《魏书·孝静纪》)

(5)天地初开,便有星宿;九州未划,列国未分,翦疆区野,若为躔次?(《颜氏家训·归心》)

"若为"亦可充任谓语或定语,用于询问样态或情状。如:

(6)子良因问:"不审此星在何方面,形模若为?"(《周氏冥通记》卷一)

(7)"吾闻此位寻满,不出一二年中应相召也。"子良问:"不审此位若为羽仪?"(《周氏冥通记》卷三)

(8)案画以求其声,遂不辩准,须柱以下,柱有高下,弦有粗细,余十二弦复应若为?(《魏书·乐志五》)

"若为"用来表示反诘问的例子南北朝时期罕见,在我们调查的语料中没有发现用例。不过,据冯春田,《北齐书》中有所使用,现转摘如下:

(9)(河清二年,元海为和士开所谮)责云:"……不义无智,若为可使?"(《北齐书·思宗》)①

吕叔湘指出"若为"是"如何"或"怎么"的意思,又说:"'若为'的构成方式跟'怎么'相同,都是一个疑问代词加一个表作为的动词。"②魏培泉推测"若为"也许是由"若(如何)"跟已词汇化的"何为"所混成。③ 冯春田则断定疑问词"若"即"若何"的省缩,"若为"则是

---

① 冯春田:《反诘疑问代词"那"的形成问题》,《语言科学》2006年第6期。

② 吕叔湘:《近代汉语指代词》,江蓝生补,上海:学林出版社1985年版,第264~265页。

③ 参见魏培泉:《汉魏六朝称代词研究》,台北:中研院语言学研究所2004年版,第288页。

"若何"省缩为"若"以后形成的新的复合式。[①] 冯春田还进一步讨论了"若为"的来源，认为"若何"的"若"是受到"何"的影响而具有了疑问代词的性质（或者说"若何"是一个词，省缩为"若"而具有"何"的意义和功能），由此跟"作为"义动词"为"组合成"若为"，用来询问状态和方式，成为一个跟"作勿""作何""作底"等属同类构成方式、意义及功能一样的疑问代词。[②]

俞理明的看法与此有所不同，他认为"先秦疑问代词宾语前置的规律到汉代已经不起作用了，所以产生于六朝的述宾结构的'若为'一语中，'为'才是疑问代词"[③]。董志翘、蔡镜浩与俞理明持相近的观点，他们说："'若为'实即'如何'，'若'、'如'音近相通。"[④]刘开骅基本同意俞理明和董、蔡两位的意见。不过，他从语法功能的相近性考虑，把"若为"看作类似于"若何"而不是类似于"何为"，认为"若为"应当是受"若何"的类化作用而产生的。[⑤]

14. 奚

用于动词、助动词之前，用于询问原因或表示反诘，可解释为"为什么""哪里""怎么"等。如：

(1)安危亡于旦夕，肆嗜欲于目前。奚异涉海之失舵，积薪而待燃？(《后汉书·文苑下·赵壹传》)

(2)既自以心为形役，奚惆怅而独悲？(《晋书·隐逸·陶潜传》)

15. 云何

"云何"在上古汉语中已经作为疑问副词出现，用于询问动作行为的原因或方式，中古汉语中仍然常见。如：

---

① 参见冯春田：《反诘疑问代词"那"的形成问题》，《语言科学》2006年第6期。

② 参见冯春田：《试论疑问代词"若为""若箇"的来源》，《语言科学》2008年第6期。

③ 俞理明：《汉魏六朝的疑问代词"那"及其他》，《古汉语研究》1989年第3期。

④ 董志翘、蔡镜浩：《中古虚词语法例释》，第415页。

⑤ 参见刘开骅：《中古新生疑问代词"如""若""若为"及其来源》，《浙江师范大学学报》2006年第1期。

(1)是吾亲友,寄身托命,终不相疑,云何相图用以活卿耶?(《生经·佛说鳖猕猴经》)

(2)此法当失,云何得遂有天下!(《世说新语·识鉴》)

“云何”作疑问副词时,在句中承担疑问功能。据遇笑容、曹广顺,中古时期的汉译佛经中,“云何”有时出现在疑问句中,但并不承担疑问功能。[①] 如:

(3)云何长者,见于法乎?(《生经·佛说和利长者问事经》)

(4)云何尼俱陀,如此行者可名净法不?(《长阿含经·散陀那经》)

(5)云何善宿,如汝意者,谓如来能现神足,为不能现耶?[《长阿含经·阿(少/兔)夷经》]

这类“云何”既可以出现在是非问句中,如例(3),亦可出现于反复问句和选择问句中,如例(4)、(5)。据遇笑容、曹广顺研究,这是受梵文 kim 在佛经中的对译的影响而出现的一种特殊用法。[②] 就功能来讲,“云何”在这里起到开始话语、引起注意的作用,可以看作一个语用标记。

三、小结

上古汉语中,表疑问、反诘的语气副词为数不少,且大多沿用到中古汉语中,比如“得无”“何尝”“岂”“其”“无乃”等。而且,有些副词又产生出新的意义和用法。如“独”,上古汉语中已经出现,用以加强反诘语气;中古汉语中,“独”又发展出在疑问句式中加强推测语气的用法。又如语气副词“宁”,在先秦汉语中已经产生,用以表示反诘,义同“岂”;大约自汉代始,“宁”又在反诘的基础上发展出表示推度询问的用法。(见表 1)

---

① 参见曹广顺、遇笑容:《说“云何”》,《中古汉语语法史研究》,成都:巴蜀书社 2006 年版,第 75 页。

② 参见曹广顺、遇笑容:《说“云何”》,《中古汉语语法史研究》,第 77 页。

表 1　　　　表疑问、反诘的副词简表

	凸显疑问意义的副词	具有疑问功能的副词	总计	百分比
上古已生副词	得无、得不、得非、敢、将、其、岂、无乃、庸	何必、何（曷）尝、何须、奈何、奚、云何	15	约 37%
中古新兴或特殊副词	曾但、独、更、将无、将非、将不、可、莫、宁、宁复、岂复、岂可、颇（叵）、为、为当、为复	何曾、何忽、何事、何意、何有、何缘、何足、那、那忽、若为	26	约 63%

当然，这一时期新兴副词的数量也相当可观，有“更”“何曾”“何忽”“将无”“可”“莫”“那”“颇”“为”等。这些副词中，有些一直沿用到近现代汉语中，如“何曾”“可”“那”，有些成为近现代汉语中常用语气副词的源词，比如“莫非”就是在“莫”的基础上形成的。但是，也有相当一部分副词的生命力比较短暂，如“何忽”“将无/非/不”“那忽”“为”等，它们基本上只存在于中古汉语，极少数散见于近代汉语前期（这里指唐宋时期）的部分文献中。这一部分副词最能反映中古汉语副词的特点，甚至可以作为我们对语料作出时代判断的重要依据。

许多疑问副词在中古汉语和近代汉语中都兼有反诘和推度的双重语法功能。《近代汉语虚词研究》在对疑问副词“可（岂、宁、敢）”的研究中指出，“宁”和“可”都是表示反诘在先，表示推度在后。也就是说，作推度副词的用法是从作反诘副词的用法引申而来的。① 并且进一步说明其引申的依据是：反诘是用疑问的形式表示否定，疑问是虚，否定为实。但这种疑问形式不表示否定时，疑问就成了真性，这样就由反诘引申为推度。就我们的考察来看，经由反诘引申为推度的疑问副词，仅限于那些早期不具有否定意义的副词，如“可”“敢”

① 参见刘坚、江蓝生等：《近代汉语虚词研究》，第 246 页。

“岂”等。而那些最初都该是表否定的疑问副词，如“得无”“莫”“难道”“不成”等，却是经过了一条从否定词变为测度副词，或者经由测度副词再演变为反诘副词的道路。杨永龙对反诘副词“不成”来源及虚化过程的研究完全证实了这一点。[①]

① 参见杨永龙：《近代汉语反诘副词“不成”的来源及虚化过程》，《语言研究》2000 年第 1 期。

第二章　论中古汉语"是×不(否)"式中"不(否)"的词性

一、引言

在汉语疑问句中,反复问句是极具特色的一类句式。所谓反复问句,就是使用肯定和否定叠合的方式进行提问,希望对方从肯定和否定的内容中作出选择的疑问句,所以有时又称之为"正反问句"。始见于西周中期的"VP-neg"是汉语反复问句的主要格式,其被大量使用是在中古(东汉至隋)时期。

中古文献中"VP-neg"式疑问句在继承了此前的"VP 不(否)""VP 未"等形式的同时,又出现了"VP 非"和"VP 无"两种格式。如:

(1)遥光府佐司马端为掌书记,曹虎谓之曰:"君是贼非?"(《南齐书·宗室传》)

(2)海神复化更作一人,极为端政,复来牵船,问诸商客:"人之美妙,有与我等者无?"(元魏·慧觉译《贤愚经·海神难问船人品》)

当然,更重要的发展变化,是处于句尾的否定词"不(否)"开始虚化并由此造成了"VP-neg"式反复问句的分化。[①] 中古汉语中,否定词"不(否)"可以出现在多种疑问句式句尾,构成"VP 不(否)"。大致可以分为以下六类:

---

① 参见吴福祥:《从"VP-neg"式反复问句的分化谈语气词"么"的产生》,《中国语文》1997 年第 1 期。

1. 出现在选择问句句尾

(3)殷、谢诸人共集。谢因问殷:“眼往属万形,万形来入眼不?”(《世说新语·文学》)

(4)群臣俱前,直揖却坐而白佛言:“顷承释子,端坐六年,道成号佛,为实尔不?是世所美乎?”(东汉·康孟详译《中本起经·度波斯匿王品》)

2. 出现在反诘问句句尾

(5)王、刘与桓公共至覆舟山看,酒酣后,刘牵脚加桓公颈,桓公甚不堪,举手拨去。既还,王长史语刘曰:“伊讵可以形色加人不?”(《世说新语·方正》)

(6)因突入,号泣请曰:“庾玉台常因人,脚短三寸,当复能作贼不?”(《世说新语·贤媛》)

3. 出现在由否定叙述句构成的反复问句句尾

(7)时有五百群贼,劫掠他物,将欲入彼山林树间。时彼贼帅,先遣一人往看林中无有人不?(东吴·支谦译《撰集百缘经·长瓜梵志缘》)

(8)时鹦鹉王,见佛比丘寂然宴坐,甚怀喜悦,通夜飞翔,绕佛比丘,四向顾视,无诸师子虎狼禽兽及以盗贼触恼世尊比丘僧不?(东吴·支谦译《撰集百缘经·鹦鹉子王请佛缘》)

4. 出现在由“宁、颇、叵”等副词构成的反复问句句尾

(9)时彼长者有一儿妇,字曰名称,见佛威颜种种相好,庄严其身,前白大家:“如此之身,叵可得不?”(东吴·支谦译《撰集百缘经·名称女请佛缘》)

(10)溪际有大山,石壁高数十丈,娥仰天呼曰:“皇天宁有神不?我为何罪,而当如此!”(《古小说钩沉·幽明录》)

5. 出现在由肯定叙述句构成的反复问句句尾

(11)尔时阿难前白佛言:“如来尊重,不妄有笑。以何因缘,今者微笑?唯愿世尊敷演解说。”佛告阿难:“汝今见此小儿以花散我不?”

（东吴·支谦译《撰集百缘经·小儿散花供养佛缘》）

(12)后有宿客远来，际夕，至巷口，见数人担谷从门出，客借问："诸葛在不?"(《古小说钩沉·幽明录》)

6. 出现在由"是"字判断句构成的反复问句句尾

(13)畅曰："有诏之言，政可施于彼国，何得称之于此?"孝伯曰："卿家太尉、安北，是人臣不?"畅曰："是也。"(《魏书·李孝伯传》)

(14)羡那问曰："是汝师不?"答言："非也。是诸比丘，作食之人，故来相佐办具饮食。"(元魏·慧觉译《贤愚经·富那奇缘品》)

许多学者曾对以上某些句式作过深入的探讨。目前较为一致的见解是：按照汉语的语义选择规则，在第(一)、(二)、(三)类句式，即选择问句和含有否定词、反诘副词的疑问句中，句尾的"不"已经虚化为语气词了。而对于由"宁、颇、叵"等副词构成的第(四)类句式，争议较大。柳士镇、刘开骅否认该式中的"不(否)"已经虚化。[①] 吴福祥和遇笑容、曹广顺尽管都认为句尾的"不"已经虚化或在相当的程度上虚化，但论证条件和过程有所不同。吴文认为"宁"等为疑问副词，其语义、功能同于反复问句"可 VP"中的"可"，是句子疑问功能的负载者，所以该式中的后置否定词"不(否)"已经虚化为疑问语气词。[②] 而遇、曹之文则通过是非疑问句"AdvVP 乎/耶"、反复疑问句"AdvVP 不"、是非疑问句"VP 乎/耶"和反复疑问句"VP 不"等四种格式的对比，证明副词"宁/颇"基本上没有表达疑问的功能，"AdvVP 不"中的"Adv"只是一个用在疑问句中的语气副词，进而认定该式中的"不"可能已经虚化了。[③] 朱冠明在肯定遇笑容、曹广顺论证

---

① 参见柳士镇：《魏晋南北朝历史语法》，第 304～307 页。刘开骅：《中古汉语疑问句研究》，第 224～232 页。

② 参见吴福祥：《从"VP-neg"式反复问句的分化谈语气词"么"的产生》，《中国语文》1997 年第 1 期。

③ 参见遇笑容、曹广顺：《中古汉语中的"VP 不"式疑问句》，《中古汉语语法史研究》，成都：巴蜀书社 2006 年版，第 59～63 页。

的前提下，从正面找出其他证据来证明“不”的虚化。这些证据包括：“不VP不”的使用、对“VP不”疑问句的回答方式以及语气词“婆”的使用。[①] 我们在综合考察和分析前人研究成果的基础上，认同由“宁、颇、叵”等副词构成的第(四)类句式中的“不(否)”已经虚化的观点。至于第(五)、(六)两类句式中“不(否)”的词性，学者们尽管没有作具体的分析，但都将上述句式之外的其他“VP-neg”式中的“不(否)”视为否定词，认为其所在句式是近现代汉语中反复问句的来源。

对此，我们有不同看法。我们认为，将第(五)式即由肯定叙述句构成的反复问句中“不(否)”的词性视为否定副词是恰当的，但第(六)式中出现在由“是”字判断句构成的反复问句句尾的“不”的词性却值得商榷。

二、从否定判断句的发展探讨“是×不(否)”式中“不(否)”的词性

诚如吴文所说：“‘VP-neg’式反复问句是动词的肯定形式和称代性否定词并列在一起，让读者选择其中一项来回答。作为回答者，若要选择其中的否定形式，应该重复问语中否定词。”[②]但就我们调查到的由“是”字判断句构成的反复问句中，其否定回答，无一例外是“非”或“非是”，而非“不”或“不是”。例如：

(1)美那问曰：“是汝师不？”答曰：“非也。今乘来者，是师大弟子。”(元魏·慧觉译《贤愚经·富那奇缘品》)

(2)美那复问：“是汝师不？”答曰：“非也。斯诸人等先前来者，乃是我等同师弟子。”(元魏·慧觉译《贤愚经·富那奇缘品》)

---

① 参见朱冠明：《关于“VP不”式疑问句中“不”的虚化》，《汉语学报》2007年第4期。

② 吴福祥：《从“VP-neg”式反复问句的分化谈语气词“么”的产生》，《中国语文》1997年第1期。

(3)羡那复问："是汝师不?"答曰："非也。是师弟子。"(元魏·慧觉译《贤愚经·富那奇缘品》)

(4)羡那见之,问富那奇："是汝师不?"答曰："非也。是世尊弟。"(元魏·慧觉译《贤愚经·富那奇缘品》)

这一现象当然和否定判断句在这一时期的发展状况密切相关。我们知道,东汉之前否定判断句采用的是"非×"格式。据唐钰明考察,到了东汉时期,随着"是"字判断句逐渐成熟,"非是×"格式开始产生。它多见于口语性较强的汉译佛经,中土文献中也有少数用例。[①] 如：

(5)此是轮上嬉戏使肠结如是,食饮不消,非是死也。(后汉·安世高译《奈女祇域因缘经》)

(6)诸上官即将净眼诣王梵达："此人杀鹿相,非是道士杀。"(后汉·康孟详译《兴起行经·孙陀利宿缘经》)

(7)人病见鬼来,象其墓中死人来迎呼之者,宅中之六畜也。及见他鬼非是所素知者,他家若草野之中物为之也。(《论衡·订鬼》)

进入魏晋南北朝,"非是×"在汉译佛经中已经成为一种常见的语法现象,用语相对保守的历史著作中也出现了该种语法格式。如：

(8)尔时世尊告梵志曰："汝今所见,非是究竟涅槃之道。"(东吴·支谦译《撰集百缘经·长瓜梵志缘》)

(9)时婆罗门语诸大臣："汝等痴人何故见呵！譬如恶狗吠彼乞者,汝今疑我非婆罗门从远求耶！非是博学出家人乎?"(东吴·支谦译《菩萨本缘经·月光王品》)

(10)盈垂泣对曰："夫少单特,养一老妪为母,事甚恭谨,又哀儿女,抚视不离,非是轻狡不顾室家者也。"(《三国志·魏志·高柔传》)

(11)孝伯曰："非是宾至无礼,直是主人忽忽,无待宾调度耳。"

---

① 参见唐钰明：《中古"是"字判断句述要》,王云路、方一新：《中古汉语研究》,北京：商务印书馆2000年版,第351页。

(《魏书·李孝伯传》)

"就在魏晋南北朝普遍采用'×非是×'来取代'×非×'之际,'×不是×'这种新格式已悄然降临了。"①同时,"未是×"格式也进入否定判断句系统中。例如:

(12)王闻遂惊,语诸臣言:"我实不是负累汝等,请自改厉,更不敢尔。愿见宽放,与民更始。"(元魏·慧觉译《贤愚经·无恼指鬘品》)

(13)彼常愿欲共我一过交战,我亦不痴,复不是苻坚。(《宋书·索虏传》)

(14)假令终德未班朝次,苟曰志仁,必也斯遂。况乃官历士流,当训章之运,而以庶叔之嫌,替其嫡重之位,未是成人之善也。(《魏书·礼志四》)

(15)四方既平,琰婴城固守,上使中书为诏譬琰,兴宗曰:"天下既定,是琰思过之日,陛下宜赐手诏数行以相弘慰。今直中书为诏,彼必疑谓非真,未是所以速清方难也。"不从。(《宋书·蔡廓传》)

为了更为清楚地了解"未是×""非是×""不是×"在中古汉语中的运用情况,我们利用计算机对东汉至南北朝时期12部电子典籍进行了检索,表2是三种否定判断格式在该时期的12部典籍中的出现次数及比例。

表2　　三种否定判断格式的文献分布

历史文献	调查文献	"未是×"格式	"非是×"格式	"不是×"格式
东汉时期	《论衡》	0例	3例(100%)	0例
	《太平经》	0例	0例	0例
	《中本起经》	0例	0例	0例
	《兴起行经》	0例	2例(100%)	0例

① 唐钰明:《中古"是"字判断句述要》,王云路、方一新:《中古汉语研究》,第351页。

续表

历史文献	调查文献	“未是×”格式	“非是×”格式	“不是×”格式
魏晋时期	《三国志》	0 例	1 例(100%)	0 例
	《搜神记》	0 例	0 例	0 例
	《六度集经》	0 例	1 例(100%)	0 例
	《生经》	0 例	4 例(100%)	0 例
南北朝时期	《魏书》	2 例(22%)	7 例(78%)	0 例
	《南齐书》	0 例	5 例(100%)	0 例
	《洛阳伽蓝记》	0 例	0 例	1 例(100%)
	《贤愚经》	0 例	6 例(75%)	2 例(25%)

调查结果表明,作为一种新兴格式,“不是×”在魏晋南北朝时期还是极为少见的。既然如此,那么东汉至南北朝时期由“是”字判断句构成的数量众多的“是×不(否)”式中,“不(否)”就不应当看作是对“是”或“是×”的否定,“不(否)”的词性也就不能再简单地视为否定副词。其否定回答,无一例外的是“非”或“非是”,而非“不”或“不是”,也许就是一个很好的明证。联系到“不(否)”在上文提到的(一)、(二)、(三)、(四)等四种疑问句式中已经或可能已经虚化,我们倾向于认为“是×不(否)”式中的“不(否)”也可能已经虚化为语气词了。

如果我们认为中古汉语中的“是×不(否)”式已经转化为是非问句,那么我们就需要对近现代汉语中一直存在的“是×不(否)”式反复问句的来源作出一个合理的解释。实际上,这并不构成一个难题。因为在这一时期,作为否定系词“是”的最主要的副词,“非”字构成了“是×非”式反复问句。

(16)遥光府佐司马端为掌书记,曹虎谓之曰:“君是贼非?”(《南齐书·宗室传》)

(17)既而母谓武子曰:“如此衣形者,是汝所拟者非邪?”武子曰:

“是也。”(《世说新语·贤媛》)

(18)孝伯又曰:“太尉、安北是人臣与非?”畅曰:“是也。”(《宋书·张畅传》)

吴福祥、刘开骅都曾指出,由否定词“非”构成的“VP非”式反复问句在后世文献中并不多见。[①] 就我们调查的大量语料来看,此期的“非”基本上只出现在与“是”相对的语境里,其意义和功能都很有限。这可能是导致其出现频率受到限制的一个很重要的原因。另外,据唐钰明调查,“不是×”格式一进入唐代就占了优势,它在“是”字句否定式中的比例,很快由唐初的57%上升到唐末的97.1%。[②] 由此我们推测,也就是在“不”取代“非”成为否定系词“是”的最主要的副词的同时,近现代汉语中的“是×不”式反复问句也就取代中古汉语中的“是×非”式反复问句而出现了。这势必也会使“VP非”式反复问句的出现频率受到限定。

也就是说,我们认为中古汉语中的“是×不(否)”式中的“不(否)”已经虚化为语气词,“是×不(否)”式不再是一般意义上的反复问句,而是随着“不(否)”的虚化转化为了是非问句。近现代汉语中的“是×不”式反复问句并非直接承续于中古汉语中的“是×不”式,而是来源于对中古汉语“是×非”式反复问句中否定词的替换。也许只有如此,我们才能对何以在“不是×”极为少见的魏晋南北朝时期,出现数量众多的“是×不(否)”式疑问句作出一个较为合理的解释。

三、在与“是×耶(邪)”式的对比中重新界定“是×不(否)”式中“不(否)”的词性

不同的疑问句式会传递出不同的疑问程度。“疑问程度涉及多

---

① 参见吴福祥:《从“VP-neg”式反复问句的分化谈语气词“么”的产生》,《中国语文》,1997年第1期;刘开骅:《中古汉语疑问句研究》,第224～232页。

② 参见唐钰明:《中古“是”字判断句述要》王云路、方一新:《中古汉语研究》,第351页。

种因素：疑问句的内部类型，语气词与语气副词，句调以及上下文与语境等。其中，疑问句的类型是最基本的。”[①]王力曾经对是非问句“昨天他来了吗？”和反复问句“昨天他来了没有？”进行过细致比较，认为这两句话的意思并不一样。问前一句话时，心里假定大概是来了；后一句话则是纯粹的疑问，不知道、不能假定他来了没有。[②] 徐杰、张林林把疑问程度予以量化，分为四级，参数分别为100%、80%、60%、40%，主要考察疑问句类型与疑问程度的关系。其中，反复问句“你吃不吃面？”的疑问程度是80%，而“吗”字是非问句和“吧”字是非问句的疑问程度则分别是80%和40%。[③] 邵敬敏认为：“信与疑是互为消长的因素，信增一分，疑就减一分；反之，疑增一分，信就减一分。……正反问句由于提出肯定、否定两项，因此可能与不可能各占一半，疑惑程度居中，即信、疑各为1/2……至于‘吗’字是非问句则为信1/4而疑3/4，‘吧’字是非问句为信3/4而疑1/4。”[④]

因此，我们认为中古汉语“是×不（否）”式中的“不（否）”是否虚化为语气词的观点，还可以在“是×不（否）”式与是非问句“是×耶（邪）”式的对照中得到证明。

(1)时婆罗门闻女所说，知必贤能，而问女言：“汝父母在不？”女答曰：“在。”遂逐到门，求共相见。女入白父：“外有婆罗门，欲见大人。”时昙摩诃羡便出见之。问讯已竟，而语之言：“向者女子，是君女不？”答言：“是也。”（元魏·慧觉译《贤愚经·梨耆弥七子品》）

(2)世尊寻时共诸比丘往至鱼所，而问鱼言：“汝是迦毗梨不？”答言：“实是。”郑重三问：“汝是迦毗梨不？”答言：“实是。”……缘是果报，今受鱼身，而有百头。（元魏·慧觉译《贤愚经·迦毗梨百头品》）

(3)时富那奇教化其兄，令为世尊立一小堂，覆堂村木纯以栴檀。

---

① 邵敬敏：《现代汉语疑问句研究》，哈尔滨：黑龙江人民出版社2008年版，第10页。

② 参见刘开骅：《中古汉语疑问句研究》，第57页。

③ 参见徐杰、张林林：《疑问程度和疑问句式》，《江西师范大学学报》1985年第2期。

④ 邵敬敏：《现代汉语疑问句研究》，第12页。

其堂已成，教化其兄(美那)请佛。……美那复问："是汝师不?"答曰："非也。是师弟子。……"(元魏·慧觉译《贤愚经·富那奇缘品》)

(4)畅于城上视之，虏使问："是张长史邪?"畅曰："君何得见识?"虏使答云："君声名远闻，足使我知。"(《宋书·张畅传》)

(5)车驾幸长安，行经渭桥，过郭淮庙，问祚曰："是卿祖宗所承也?"祚曰："是臣七世伯祖。"(《魏书·郭祚传》)

(6)汝云何言有受法？汝是受法耶？对曰："非是。"(后秦·佛陀耶舍共竺佛念译《长阿含经·大缘方便经》)

(7)四年，与兼散骑常侍李谐、兼吏部郎卢元明使萧衍。衍散骑常侍朱异问业兴曰："魏洛中委粟山是南郊邪?"业兴曰："委粟是圆丘，非南郊。"(《魏书·李业兴传》)

以上例句，从结构上看，系词"是"后皆可视为名词性结构，所在句子都是对该命题正确与否的提问。就回答方式来看，肯定回答都为"(Adv)是(NP)(也)"，否定回答都为"非(是)(NP)"。就疑问语气来讲，据王力研究，"邪(耶)"作为疑问语气词，一般是要求证实，即"说话人猜想大约是这样一件事情，但是还不能深信不疑，所以要求对话人予以证实"①；郭锡良也指出，"用'与'或'邪'，疑问语气没有用'乎'那么纯粹、强烈，它是表示说话人猜想大约是这样，却非深信不疑，要求得到证实，是一种探询的口气"②。因此，"是×耶(邪)"式应该归属于"吧"字是非问句，其疑问程度大约为40%或1/4，信远大于疑。而就"是×不(否)"式所传达的疑问语气来看，它也并不是一般反复问句所具有的纯粹传疑，而是在有所依据的前提下所作的一种倾向性推测。如例(1)，婆罗门是在从女子口中得知其父母在家并追逐至其门要求拜见其父母的前提下，询问其父亲："向者女子是君女不?"可以说，有点明知故问的嫌疑。这与一般反复问句所传达的疑问语气是大不相同的。例(2)中的世尊是先知先觉的化身，他将世

---

① 王力：《王力文集》第11卷，济南：山东教育出版社1990年版，第439～444页。

② 郭锡良：《先秦语气词新探(二)》，《古汉语研究》1989年第1期。

间的一切不幸都归结为因果报应。因此，在明知道迦毗梨缘是果报今受鱼身时，作出的询问乃至再三地追问“汝是迦毗梨不”，就应该是要求对话人加以证实而非纯粹传达疑问。例(3)同理，在联系语境的前提下，也不能理解为纯粹传疑的反复问句。

因此，就结构方式、回答方式、提问语境、提问内容、疑问程度等方面来看，中古汉语中的“是×不(否)”式更接近于是非问句“是×耶(邪)”式而非一般的反复问句。因此，我们认为其中的“不(否)”应该和“耶(邪)”一样，被视为语气词而非否定词。

第三章　测度问句中的"将"类正反同义结构研究

2008年江蓝生在《中国语文》上发表文章，用概念叠加与构式整合理论对汉语中的诸多正反同义结构的生成及语用动机作了统一的解释。汉语中的正反同义结构诸多，除了江蓝生提到的两组六类格式之外，出现在测度问句中的正反同义结构也具有一定的代表性，如中古汉语中的"将×～将无(/非/不)×"(其中×代表体词性或谓词性成分)。

因此，我们拟在前修时贤的研究基础上，对"将"类正反同义结构的两种格式作一个初步的调查和比较，并试图对其语用差异的形成原因作出自己的解释。

一、"将"类正反两种格式的出现

(一)"将"类肯定式

"将"单用可以表示推测动作行为或状况发展的测度、委婉语气，相当于"莫非""或许""恐怕"等。该用法上古汉语中已经出现，只是尚不多见，到了中古汉语中开始盛行。我们把由"将"参与构成的测度问句称为"将"类肯定式。"将"表测度时，句末常有语气词"乎""耶""邪"等相呼应。如：

(1)王曰："叟，不远千里而来，亦将有以利吾国乎？"(《孟子·梁惠王上》)

(2)大王梦虵蜂螫太子目,寤即哽噎,曰:"吾子将有异乎?"(《六度集经·戒度无极章》)

(3)此器既盖之,且有掩覆,无缘有此,黄门将有恨于汝邪?(《三国志·吴志·三嗣主传》注引《江表传》)

(4)吾鹰所获以百数,汝鹰曾无奋意,将欺余耶?(《古小说钩沉·幽明录》)

(5)黄宪言论风旨,无所得闻。然士君子见之者,靡不服深远,去疵吝。将以道周性全,无得而称乎?(《水经注·汝水》)

调查发现,当"将"以测度语气的用法出现在陈述句或是非问句中时,其句法位置通常是在谓语之前;而在叠用两个或多个互相补充的是非问句组成的选择问句中,"将"既可以位于谓语之前又可以位于小句句首,具有进一步向连词虚化的趋势。如:

(6)将子有亡国之事,斧钺之诛,而为此乎?将子有不善之行,愧遗父母妻子之丑,而为此乎?将子有冻馁之患,而为此乎?将子之春秋故及此乎?(《庄子·至乐》)

(7)岂鸟尽弓藏,民恶其上?将器盈必概,阴害贻祸?(《魏书·崔浩传》)

同时,我们注意到肯定形式是"将"字测度问句的主要形式,而作为测度语气副词用于否定形式的例句极为罕见。在我们的调查中,带否定形式的"将"字测度句仅发现5例。如:

(8)儿有乾坤弘润之志,将非凡夫乎?(《六度集经·布施度无极章》)

(9)俄而亮卒,襄哭之甚恸,曰:"天将不欲成吾事乎?王亮舍我去也。"(《晋书·姚襄载记》)

在表测度之外,"将"也可表示反诘语气。通常与句末语气词"乎"相配合使用,如例(10)(11);亦可不用句末疑问语气词,如例(12):

(10)窃人之财,犹谓之盗,子玄假誉攘善,将非盗乎?(《晋书·秦秀传》)

(11)冯衍有言,大汉之贵臣,将不如荆、齐之贱士乎?(《宋书·自序》)

(12)故来相慰，当何所畏，将须燃火？(《古小说钩沉·述异记》)

(二)“将”类否定式

“将无”，亦作“将非”“将不”，与测度语气副词“将”意义相近，是中古汉语中时代特色很浓的表示测度而意思偏于肯定的语气副词。我们把由“将无/非/不”参与构成的测度问句称为“将”类否定式。据朱庆之考察，“将非”“将无”最早见于东汉时期的汉译佛经，而“将不”则到六朝文献中方才出现。[①] 它们在唐代以后就不再使用，而其确切的含义或许在宋代就已经不为人所知，因为宋人笔记中已有关于“将无”语义的争论。现在，我们可结合句型来了解一下它们的语法功能。

中古汉语中“将无”用在是非问句跟句末疑问语气词“耶/邪”相呼应，这在由“将无”参与构成的句式中最为常见。如：

(13)褒历观，遂指君谓亮曰：“将无是邪？”(《全晋文·晋故征西大将军长史孟府君传》)

(14)如汝自业，将无小伤多异，以取天下之疾患邪？(《宋书·萧惠开传》)

(15)是女将无欲结所使，欲娆毁我清净行耶？(《贤愚经·沙弥守戒自杀品》)

(16)我适辄欲用，将无灾患于我及国人耶？(《杂宝藏经·金猫因缘》)

(17)今此异光，将无是梵欲下瑞耶？(《长阿含经·典尊经》)

“将无”也可跟句末疑问语气词“乎”相呼应，但极为少见，我们仅发现2例：

(18)裒历观，指嘉谓亮曰：“此君小异，将无是乎？”(《晋书·桓温传》)

① 参见朱庆之：《将无考》，《季羡林教授八十华诞纪念论文集》(上)，南昌：江西人民出版社1991年版，第225页。

(19)前日买花用钱一种。往何以少？今何以多？将无前时相欺减乎？(《贤愚经·优波鞠提品》)

下面是“将无VP”,即句末不带语气词的例子：

(20)谢安始出西戏,失车牛,便杖策步归。道逢刘尹,语曰:“安石将无伤?”(《世说新语·任诞》)

(21)谢晦见之,谓之曰:“徐公将无小过?”(《宋书·徐广传》)

(22)其妇见之数出不在,谓之于外淫荡不节,即问夫婿:“卿数出为何所至凑？将无于外放逸无道?”(《生经·佛说鳖猕猴经》)

同“将无”相比,“将非”跟句末疑问语气词“乎”相呼应的例句较为常见。如：

(23)瓶沙问言:“将非悉达乎?”(《修行本起经·出家品》)

(24)臣闻主忧臣辱,主辱臣死,大王所为不乐者,将非吕光乎?(《晋书·秃发乌孤载记》)

(25)祥在正始,不在能言之流。及与之言,理致清远,将非以德掩其言乎！(《晋书·王祥传》)

(26)将非江表王气,终于三百年乎？(《全后周文·哀江南赋》)

(27)有奉佛居士吴县朱膺闻之,叹曰:“将非大觉之垂降乎?”乃洁斋共东灵寺帛尼及信佛者数人至渎口,稽首迎之,风波遂静。(《古小说钩沉·旌异记》)

“将非VP耶/邪”式的使用也比较普遍。如：

(28)今此瑞应必定不祥。将非我夫命根断耶？(《菩萨本缘经·一切持王子品之余》)

(29)汝将非以咒术之力而系缚耶？(《菩萨本缘经·一切施品》)

(30)我此宫殿有何因缘动摇如是？将非我今命欲尽耶？(《撰集百缘经·梵豫王施婆罗门谷缘》)

(31)是何哭声？将非我子死耶？(《杂宝藏经·罗睺罗因缘》)

我们还在《杂宝藏经》中发现2例“将非”用在“VP不”式反复问句前的例子：

(32)我眼瞤动,将非我孝子睒摩迦有衰患不？(《杂宝藏经·王

子以肉济父母缘》)

(33) 我乳亦惕惕而动,将非我子有不祥事不?(《杂宝藏经·王子以肉济父母缘》)

"将不"不但出现较晚,而且在文献中的使用也非常有限。"将不"以句末不带疑问语气词为常。如:

(34) 谢灵运好戴曲柄笠,孔隐士谓曰:"卿欲希心高远,何不能遗曲盖之貌?"谢答曰:"将不畏影者未能忘怀?"(《世说新语·言语》)

(35) 卿向言,将不大伤切直?(《宋书·王僧绰传》)

(36) 向聊求马,汝治护备至,将不惜之?(《古小说钩沉·述异记》)

(37)《曲礼》云"无不敬"。寻下之奉上,可以尽礼,上之接下,慈而非敬。今总同敬名,将不为昧?(《南齐书·文惠太子传》)

(38) 昔子建不欲妄赞,陈琳恐见嗤哂后代,今之过奢余论,将不有累清谈?(《全梁文·致徐勉书》)

(39) 此宝忽至,或是不祥,我若取者,将不为我家国灾害?(《杂宝藏经·恶生王得五百钵缘》)

以下是"将不"用在是非问句中跟句末疑问语气词"耶/邪/乎"相呼应的例子,较为少见。

(40) 炜曰:"夫人小而聪了,大未必奇。"融应声曰:"观君所言,将不早惠乎?"(《后汉书·孔融传》)

(41)方今宰牧华夏,处杀戮之职,与本操将不乖乎?(《世说新语·政事》)

(42) 且持盈畏满,自是家门旧风,何为一旦落漠至此?当局苦迷,将不然邪!(《宋书·王微传》)

二、"将"类正反两种格式的比较

"将"类肯定式和否定式都可以表示测度,且语义上倾向于肯定。两种表义完全相同的格式存在于共时平面是不符合语言的经济原则的。那么,二者之间存在哪些差异呢?为此,我们从文献和语用功能两个方面进行了比较。

(一) 文献分布上的差异

调查发现,"将"类肯定式和否定式在中古汉语中有着不同的文献分布。

表 3　"将"类正反格式的文献分布

历史时期	历史文献	将无	将非	将不	将	合计
东汉时期	《撰集百缘经》	0 例	2 例	0 例	0 例	2 例
	《菩萨本缘经》	1 例	8 例	0 例	1 例	10 例
	《论衡》	0 例	0 例	0 例	13 例	13 例
	《后汉书》	0 例	0 例	1 例	24 例	25 例
	小计	1 例	10 例	1 例	38 例	(50)
魏晋时期	《三国志》	0 例	0 例	0 例	14 例	14 例
	《六度集经》	1 例	0 例	0 例	11 例	12 例
	《晋书》	4 例	3 例	0 例	16 例	23 例
	《搜神记》	0 例	0 例	0 例	4 例	4 例
	《生经》	3 例	0 例	0 例	0 例	3 例
	小计	8 例	3 例	0 例	45 例	(56)
南北朝时期	《世说新语》	4 例	0 例	2 例	0 例	6 例
	《宋书》	2 例	0 例	2 例	9 例	13 例
	《南齐书》	0 例	0 例	1 例	4 例	5 例
	《魏书》	0 例	1 例	0 例	4 例	5 例
	《贤愚经》	4 例	0 例	0 例	3 例	7 例
	《长阿含经》	13 例	1 例	0 例	1 例	15 例
	《杂宝藏经》	1 例	3 例	3 例	0 例	7 例
	小计	24 例	5 例	8 例	21 例	(58)
合计		33 例	18 例	9 例	104 例	164 例

注:表 3 中对"将"的统计只涉及表示测度的语气副词用法,表示反诘的情

况不包含在内。

就文献分布来看,“将”类否定式产生时间同朱庆之的结论大致吻合。《后汉书》中出现了“将不”例句,但它出现于人物对话而非原始语料中。考虑到史书语料性质的复杂性,我们将其看作作者撰述年代即南朝宋时期的语言现象。在所调查的60例否定形式中,中土文献20例,汉译佛经40例。其中,“将无”的出现频率最高,占到60例中的55%;其次是“将非”,为30%;“将不”的出现次数最少,只有9例,为15%。就我们对其他汉译佛经的抽查来看,这些数据大致能够客观反映三者在文献中的分布状况。

同否定式相比,“将”类肯定式更为常见,共出现104例,其中中土文献89例,汉译佛经15例。应该说,“将”类肯定式在文献中的分布是相当广泛的。史书、笔记、佛经等多种文体中都有使用,其中《六度集经》中“将”的使用占到了11例,使用频率远远超过同期和南北朝至隋唐的其他同类文献。这可能是作者个人语言习惯在文献当中的反映。

总体来看,中土文献倾向于采用肯定式来表达对事件的推测和估计,而汉译佛经对否定式的选择更为常见。这同汉语一般正反同义结构的语体分布大致相同。因为从口语和书面语的角度分析,汉语中的否定赘词(即正反同义结构的否定式)多出现在口语中,或是出现在一种较口语化的书面语中 。而汉译佛经的口语化程度较一般中土文献更高的事实,早已得到学界的公认。因此,那种以“将”类否定式最早见于汉译佛经并得到更为经常的运用作为它们是外来语词的明证的做法,或许是值得商榷的。

(二)句法分布上的比较

“将无”“将非”“将不”及“将”在句法成分的搭配上也有所不同。下面是它们大致的句法分布:

表 4　　“将”类正反格式的句法分布

	＋动词性结构	＋名词结构	＋主谓结构
将无	27 例	1 例	5 例
将非	1 例	6 例	11 例
将不	7 例	1 例	1 例
将	51 例	11 例	42 例

注：表 4 中，动词性结构包括动词、动词短语以及形容词。

“将非”以后接主谓结构和名词结构为主，极少接动词或动词短语。“将不”以后接动词或动词短语为常，主谓结构和名词结构出现在其后的例句不太常见，分别各有 1 例。“将无”后接成分基本上以动词性结构为主，但与“将不”后仅限于动词和动词短语不同，形容词在“将无”的后接成分中占到一定的比重。出现在“将无”之后的主谓结构共有 5 例，约为总数(33 例)的 15%。名词或名词短语的出现比例最低，只有 3%左右。从句法分布来看，“将无”与“将非”各自的分工明确，基本上形成了一种句法互补。“将不”不但产生较晚，而且仅仅具备“将无”的部分句法功能，所以未能在与“将无”的竞争中占上风，导致出现频率受到限制，这也许是它在文献中分布不广的原因之一。

“将”作为中土文献中广泛运用的一种表示测度的语法形式，后接成分以动词性结构和主谓结构为主，各自约占 50%和 40%。但是，两者有着不同的句型分布。在陈述句或是非问句中，没有发现“将”后接主谓结构的用例。主谓结构作为后接成分基本上只出现在由“将”参与构成的选择问句中。名词结构共出现了 11 例，但除 1 例抽象名词外，其余 10 例皆为名词短语，包括 9 例介宾结构和 1 例“之”字结构。

应该说，“将”类正反格式在句法分布上大致相当。在是非问句中，两种格式都以动词性谓语句为常；而在选择问句中，肯定式与否定式都以主谓谓语句为主，具有进一步向连词转化的趋势。两种格式中的名词性谓语句都不常见,约占各自总数的10%。

(三)两种格式的语用分析

"两种表义完全相同的格式存在于共时平面是不符合语言的经济原则的,它们之间至少在话语—语用上一定有某种差别。"[①]"将"类肯定式主要用来描述一种事态,一般不涉及说话人对这种事态的态度或看法,传达的基本上是一种客观性的命题意义。如:

(1)君今迟疑,何所思虑?将虑我非婆罗门受持禁戒博学人耶?若有此虑,我实是也。(《菩萨本缘经·一切持王子品之余》)

(2)古世之来未闻幼孩而为斯云,将是天龙鬼神之灵乎?当卜之焉。(《六度集经·布施度无极章》)

(3)天王疾笃,若在不讳,将有遣命乎?(《六度集经·戒度无极章》)

以上由"将"构成的测度问句,是言者根据"君今迟疑""古世之来未闻幼孩而为斯云"及"天王疾笃"等现象作出的一种推测,带有陈述事实的客观性。

"将"类否定式产生之初,常用于对不希望发生的、非期望事件的测度,即从客观上讲,事实因素使说话人倾向于认为"将无"后的陈述为真,但从主观上讲,不愿相信、不敢相信或不宜相信等复杂的情感因素使说话人倾向于否定。如:

(4)将非我愿未来之世不得成耶?……将非此中无有大德,其余不应受我供耶?……将非此中有杀生耶?(《菩萨本缘经·毗罗摩品》)

对于澡水缘何不下的疑问,言者提出了6种可能的推测,其中3例由"将非"构成。尽管是以问句的方式提出,但它们并不是真正的设疑,而是对疑问作出的可能的回答。因此,在言者看来,每种推测都是有可能成为事实的,即倾向于认为"将非"后的陈述为真。但是,从个人情感上来讲,这些可能的事实都是言者不愿意看到、不希望发生的,即从主观上持一种否定态度。因此,朱庆之认为如果拿现

① 江蓝生:《概念叠加与构式整合》,《中国语文》2008年第6期。

代汉语同“将无”等作比照，最近似的说法应该是“但愿不……”“但愿……不……”“该不是……”或“可别是……”等以字面的否定来表达委婉肯定的一类表达方式，而非“恐怕”“没准一定”等词语。[①]

三、两种格式语用差异的解释

从比较中可以看出，“将”类正反同义结构两种格式的差异主要体现在语用上。而对这种语用差异产生原因的探讨，归根结底，还是要从其否定式的形成过程中去寻找。文献调查发现，“将无”“将非”“将不”在唐代以后就不再使用，而其确切的含义或许在宋代就已经不为人所知。[②] 此后，对“将无”的争论一直没有停止过。现在，学界对其作为测度语气副词的身份已经认同，但对其来源及形成过程的探讨仍在继续。比较有代表性的观点是朱庆之的语言接触下的外来语词说。[③]

从语言接触的角度去考察，也是寻求答案的一个途径。因为诚如江蓝生所说：“我们在考察和分析历史语言现象时，应该跳出历史比较法的框框，从语言渗透、语言融合的角度去把握。也就是说，语言不是一种同质系统，共时语言中的有些差异不一定都是其自身单线历时层次的反映，而可能是由于语言相互渗透、相互融合造成的。”[④]但是，梵汉对勘要受到梵文佛经与汉文佛经之间有无确定的“血缘”关系、对勘方法的运用等诸多条件的限制，所以其科学性和可信度尚未得到学界的一致认可。即使“将无”的产生同语言接触具有一定的关系，是一个由于佛经翻译而产生的意译的副词，我们也仍有对“将”类否定式的形成过程进行探讨的必要。因为汉语史上外来语言影响下的汉语事实告诉我们，一种外来的语法形式如果能够被汉

---

① 参见朱庆之：《将无考》，《季羡林教授八十华诞纪念论文集》(上)，第 237 页。

② 参见朱庆之：《将无考》，《季羡林教授八十华诞纪念论文集》(上)，第 243 页。

③ 参见朱庆之：《将无考》，《季羡林教授八十华诞纪念论文集》(上)，第 238 页。

④ 江蓝生：《从语言渗透看汉语比拟式的发展》，《近代汉语探源》，北京：商务印书馆 2000 年版，第 198 页。

语系统接受并加以运用，一定是同汉语固有的语法规则相吻合。据王云路研究，“翻译佛典中流行的普通语词，绝大部分来自中土文献”，“佛典中完全新造的词语、新产生的义项毕竟数量有限，而且即便是仅出现于佛典中的新词新义，或者是佛典中最先出现的新词新义，也都与中土文献密切相关。其产生理据与汉语构词方式、词义演变方式一脉相承。多是仿照汉语构词方式产生，或是对汉语词汇的改造或化用，其源头无疑是中土文献”①。这些论述是值得我们重视的。否则，我们又该如何看待汉语史上其他诸多测度问句中正反同义结构的形成呢？

测度问句是对事态现状或未来作出推测的一种疑问句式。既然无法确定事态的然否，测度就有若干语义特征：＋推测性、＋不确定性、±结论真。② 那么，由“将无”构成的测度问句中，所表示的事态与X之间的语义关系是：

a）事态可能会是X　　b）事态可能会不是X

与这两层意思相对应的句式是：

a′）将X　　b′）无X

正如江蓝生对“差点儿VP～差点儿没VP”的分析，这里的语义关系实际上也是一种衍推：“将无X”衍推出“无X”。“无X”是其衍推义，它是句子固有的、稳定不变的意义成分。当说话人为了达到某种交际意图，就有意识地把句子的衍推义明示到句法层面中来，从而整合为否定式“将无X”。③ 否定式产生的过程可以图示如下：

将X＋无X→（将＋无）X→将无X

在这个叠合式中，否定词“无”在第一层次上跟“将”叠加在一起共同修饰X。

这个过程同一般意义上的跨层结构重新分析产生的词汇化看上

① 王云路：《试说翻译佛经新词新义的产生理据》，《语言研究》2006年第2期。

② 参见罗耀华、刘云：《揣测类语气副词主观性与主观化》，《语言研究》2008年第3期。

③ 参见江蓝生：《概念叠加与构式整合》，《中国语文》2008年第6期。

去极为相似，但有着本质的不同。所谓词汇化，是指短语等非词单位逐渐凝固或变得紧凑而形成单词的过程。其中，由不构成一对直接成分而是分属不同句法层次但在线性序列上邻接的两个成分组成的跨层结构词汇化，是汉语双音词衍生方式中的一种。[①] 如果“将无 X”的产生是该意义上的跨层结构重新分析的词汇化，那么其过程应该是：

将＋无 X→（将＋无）X→将无 X

在“将＋无 X”中，有两层修饰关系：第一层是“将”修饰“无 X”，第二层“无”修饰“X”。下面两个例句也许能够很好地说明问题。

（1）鬼言：“卿太重，将非鬼也？”定伯言：“我新鬼，故身重耳。”定伯因复担鬼，鬼略无重。（《搜神记》卷十六）

（2）所住邻中常见竺家有青气如龙蛇之形。或有人谓竺曰：“将非怪也？”（《拾遗记》卷八）

在这两个例句中，“将非鬼也”与“将非怪也”仅一字之差。如果没有给定的语境，我们确实难以发现二者的根本不同。事实上，“将非鬼也”的句法结构为“将＋非鬼也”，“将非怪也”为“将非＋怪也”。“将”和“将非”分别充当语气副词，对两种现象表达了自己的倾向性揣测——“非鬼”和“怪”。

就我们前面的考察来看，肯定形式是“将”字测度问句的主要形式，它作为测度语气副词用于否定形式的例句极为罕见。因此，“将无 X”的产生不是一般意义上的跨层结构重新分析的词汇化结果，而是概念叠加与构式整合的产物。

但是，这里存在着一个问题，就是“将”类否定式在产生之初，为什么选择了“将无”而不是“将不”和“将非”构成句法互补？因为在上古和中古汉语中，“无”主要作动词使用，作否定副词时一般表示禁戒，而“不”才是表示单纯否定的最主要的副词。将句子的衍推义明示到句法层面并加以整合而成的否定式，通常应该是“将不 X”而非

---

① 参见董秀芳：《词汇化：汉语双音词的衍生和发展》，成都：四川民族出版社 2002 年版，第 33、35 页。

"将无X",朱庆之由此认为"将无"应翻译成"但愿不……""但愿……不……""该不是……"或"可别是……"。但事实上,"将不"的出现不但是最晚的,而且使用频率也很低。

不过,据王力研究,"有时候,'毋'(无)和'勿'当'不'讲,往往是指一些不应该做的事情或者是不希望出现的事情"[①]。如:"君子食无求饱,居无求安。"(《论语·学而》)"子贡问曰:'贫而无谄,富而无骄,何如?'"(《论语·学而》)"不有君子,其能国乎?国无陋矣。"(《左传·文公十二年》)由此看来,"将"类否定式在产生之初之所以选用"无"而不是"不",应该是出于对不希望发生的、非期望事件的测度这种语用功能实现的选择。所以,在中古汉语中,"将无"不但出现早,而且使用频率是最高的,占到了"将"类正反同义结构否定式中的55%。但"无"当"不"讲时,语法功能限定了它的后接成分只能以动词性结构为主。"非"在上古和中古汉语里,一直是对判断表示否定的副词,它多用来修饰体词性判断谓语。所以,"非"自然进入"将"类正反同义结构的否定式中,同"将无"在句法分布上形成了互补。

可以说,"将"类否定式的句法分布和语用功能的实现,同自身的构词语素——否定副词有着密切的关系。那么,它们的形成是否是测度语气副词"将"与以否定形式构成测度问句的"无""非""不"等同义复用,在构词层面就完成了概念叠加与构式整合?

在汉语中,以否定形式构成的测度问句屡见不鲜,即否定词本身可以从主观否定角度表示推测。中土文献和汉译佛经中都有用例。不过,据我们的调查来看,无论是单独表示推测,还是以否定形式表示测度询问,都是"不""非"最为常见,"无"只在汉译佛经中发现了3例,且不排除都是动词的可能性。所以,构词层面的概念叠加与构式整合,不能使"将无"先于"将不"出现且使用频率最高的现象得到合理的解释。因此,我们倾向于认为这种概念叠加与构式整合是在句法层面进行的。

---

① 王力:《王力文集》第11卷,第183～184页。

第四章　疑问副词“那忽”的形成

钟兆华《疑问副词“何忽”》一文，对中古汉语新生的疑问副词“何忽”与“那忽”的意义及构词形式作出了有益的探索。[①] 不过，关于“那忽”的来源或形成问题，一直没有见到相关的探讨。本文试就“那忽”一词的形成略陈鄙见，以就正于方家。

一、“那忽”的词汇和语法意义

大约自晋代至唐宋时期，又“那忽”通常出现于人物对话或论辩中，用于询问原因或表示诘问语气。如：

(1)令又迁怒，杀姥。蛇乃感人以灵言，瞋令“何杀我母？当为母报仇。”此后每夜辄闻若雷若风，四十许日，百姓相见，咸惊语：“汝头那忽戴鱼？”是夜，方四十里，与城一时俱陷为湖。(《搜神记》卷二十)

例中大水将至，仿佛有征兆，所以“汝头那忽戴鱼”是充满疑惑的询问。

(2)窃寻佛本启化之辰，当我宗周之运，自云娑婆总摄，靡所不归。或复光照无际，声振有顶；或复八部云臻，十方辐凑。计天竺去我十万里余，俱在须弥之南，并是阎浮之内，那忽此间士庶，无至佛所？(《全隋文·通极论》)

例中梵行先生与行乐公子辩论，行乐公子认为梵行先生所说太过虚诞，于是针对对方观点提出疑问：“那忽此间士庶，无至佛所？”

① 参见钟兆华：《疑问副词“何忽”》，《语文研究》2002年第4期。

(3)服气崔长侍晦叔，烧丹郑舍人居中。常期生羽翼，那忽化为尘？（唐·白居易《感事诗》）

据钟兆华考证，这是白居易66岁时作的诗。[①] 作者感慨崔、郑二人学仙不成，反而早逝。有感于他们不如自己，唯知有酒，无忧无喜，还活得好好的。这里"那忽化为尘"是充满疑惑的询问。

以上例句中的"那忽"表示询问或疑问。下面例句中的"那忽"是以询问原因的方式传达一种诘问语气：

(4)融与婆罗门拟相酬抗，锋辩飞玄，彼所不及。婆罗门自知辞理已屈，犹以广读为夸；融乃列其所读书并秦地经史名目卷部，三倍多之。什因嘲之曰："君不闻大秦广学，那忽轻尔远来？"（《高僧传·晋释道融》）[②]

例中婆罗门与秦僧辩论释道、外道之优劣，已为道融所屈，仍以广读为夸。于是，鸠摩罗什对其加以嘲讽："君不闻大秦广学，那忽轻尔远来？"

(5)始兴王叔陵之在湘州，累讽有司，固求台铉。奂曰："衮章之职，本以德举，未必皇枝。"因抗言于高宗。高宗曰："始兴那忽望公？且朕儿为公，须在鄱阳王后。"（《陈书·孔奂传》）

例中高宗责问孔奂，始兴怎能奢望作公？"那忽"表示诘问语气。

(6)晋时有《钱神论》，豫章王综以宏贪吝，遂为《钱愚论》，其文甚切。帝知以激宏，宣旨与综："天下文章何限，那忽作此？"虽令急毁，而流布已远，宏深病之，聚敛稍改。（《南史·临川靖惠王宏传》）

(7)初萧岩、萧瓛之至也，德教学士沈君道梦殿前长人，朱衣武冠，头出栏上，攘臂怒曰："那忽受叛萧误人事！"后主闻之，忌二萧，故远散其众，以岩为东扬州刺史，瓛为吴州刺史。（《南史·陈后主纪》）

(8)寻末穷本，人伦一概。那忽轻以乘轩，蔑兹瓮牖？（《全隋文·通极论》）

---

① 参见钟兆华：《疑问副词"何忽"》，《语文研究》2002年第4期。

② 转引自钟兆华：《疑问副词"何忽"》，《语文研究》2002年第4期。

通过对以上用例的简约分析，可以概括出这样的结论："那"的基本意义是在问句中表示疑问、询问或反诘，并主要是表示反诘语气，其语法意义是用作副词。

在汉语史上，与"那忽"结构和意义相同的，还有"何忽"。"何忽"用于疑问句中，表示疑问、询问或反诘，并在一些历史文献中同"那忽"可以替换使用。如《北史·麦铁杖传》中的"麦豆不殊，何忽相怪"，《隋书·麦铁杖传》作"麦豆不殊，那忽相怪"；《搜神记》卷二十中的"那忽戴鱼"，在语境相近、语气相同的《水经注·沔水》引《神异传》中作"何忽作鱼"。就例(3)白居易《感事》诗与下面卢思道诗相比较，也可发现"何忽"与"那忽"在意义上的相同之处。

(9)少小期黄石，晚年游赤松。应成羽人去，何忽掩高封？(隋·卢思道《春夕经行留侯墓》)

张良从小学道，死后应当羽化而去，为何堆那么高的坟呢？作者卢思道的疑惑与白居易的"常期生羽翼，那忽化为尘"之间极为相似，可见二者词义关系的一致性。

据钟兆华考察，"何忽"较早的例句见于晋代，并与"那忽"有着大体相同的历史存在时期，二者应是汉语史上同一历史时期内的一对同义词。关于二者的构成，他在对不同历史文献中的异文进行分析后得出：对"何忽""那忽"而言，"何"与"那"是词的基本成分，具有决定词汇意义的作用；"忽"是辅助性成分，作用似乎仅在于促成双音节结构的形成，不关乎词义本身。因此，其构词形式为偏正结构。[①]

二、"那忽"的形成

钟兆华的结论大体可信。不过，"那忽"与"那"的意义和用法基本相同，都询问事理与反诘，并且主要用于后者。"两种表义完全相同的格式存在于共时平面是不符合语言的经济原则的，它们之间至

① 参见钟兆华：《疑问副词"何忽"》，《语文研究》2002年第4期。

少在话语—语用上一定有某种差别。”[①]对这种语用差异的探讨，归根结底，还是要从“那忽”的形成过程中去寻找。根据我们的分析，“那忽”的形成应是疑问词“那”与“突然”义的副词“忽”经重新分析实现跨层结构词汇化的结果。

中古汉语中，“那”一般用于询问原因或以询问原因的方式表示反诘。由于言者之所以对事理提出疑问，是因为事理超乎依据常情、常理所作的个人推测，即事理的发生是在言者意料之外的。因此，由“那”构成的问句中，通常会有相关常情、常理的说明或暗示。如：

(1)会病亡，(田豫)戒其妻子曰：“葬我必于西门豹祠边。”妻之难之，言：“西门豹古之神人，那可葬于其边乎？”(《三国志·魏志·田豫传》注引《魏略》)

常理：普通人所葬之处不应与神人祠同列。

(2)君是佛三归弟子，那不从佛家请福，乃使祭酒上章？(《古小说钩沉·述异记》)

常理：佛家弟子应按佛家礼法请福。

(3)庆伯云：“才谒归，那得见召？且汝常黑帻，今何得皆赤帻也？”(《古小说钩沉·述异记》)

常理：刚刚拜谒归来，不应又被召见。

原有“迅速”义的“忽”，大约在东汉时期又新生了“突然”义，表示事件或动作发生得异常迅速，出人意料，强调其“突如其来”。如：

(4)纯军在前，去众营数里，贼忽夜攻纯，雨射营中，士多死伤。(《后汉书·耿纯传》)

(5)夏禹庙中有梅梁，忽一春生枝叶。(《全后汉文·风俗通义》)

(6)阮思旷奉大法，敬信甚至。大儿年未弱冠，忽被笃疾。(《世说新语·尤悔》)

(7)马仲叔王志都并辽东人也，相知至厚。叔先亡，后年，忽形见，谓曰：“吾不幸早亡，心恒相念。念卿无妇，当为卿得妇，期至十一

---

① 江蓝生：《概念叠加与构式整合》，《中国语文》2008年第6期。

月二十日送诣卿家，但扫除设床席待之。”至日，都密扫除施设，天忽大风，白日昼昏。向暮风止，寝室中忽有红帐自施，发视其中，床上有一妇，花媚庄严，卧床上，才能气息。(《古小说钩沉·幽明录》)

可以说，在“出人意料”这一点上，“忽”与用于询问原因的“那”是相一致的。因此，当为了强调事情或动作行为的发生而令言者极度惊异时(这从“那忽”多出现于由“惊”参与构成的句式可以窥见一斑)，二者得以在线性序列中连用。我们先看下面的一些例句：

(8)时诸离车及与其妻、庵婆罗女……缘路随佛不肯旋返。世尊既见恋慕情深，非是言辞所可安慰，即以神力化作河水，涯岸深绝，波流迅疾。时诸离车及以眷属、庵婆罗女……共相谓言：“是处那忽有此大河，而复乃尔波湍惊急？”(《大般涅盘经》卷上)

例中诸离车及与其妻、庵婆罗女等人紧随世尊，不肯旋返。世尊无奈之下以神力化作大河，与之隔绝。对于凭空突然出现的大河，诸人悲痛之余，心生“是处那忽有此大河”的疑惑。因此，将其理解为“这里怎么突然出现这样一条大河”较为切合语境。

(9)沙门即命一人力送之，行少地，见其先死奴子倚高楼上，惊问：“四娘那忽至此？欲见新妇不？”(《古小说钩沉·冥祥记》)

例中王四娘被阴吏误拘，被送还阳时，遇见已死的奴子。奴子惊异，所以发问：“四娘那忽至此？”将其译为：“四娘怎么突然到了这里？”或许更能传达奴子的惊异之情。

(10)又景床东边香炉无故堕地，景呼东西南北皆谓为厢，景曰：“此东厢香炉那忽下地？”(《南史·贼臣·侯景传》)

例中香炉无故堕地，侯景应是极为惊异，所以可将其发问理解为“香炉怎么突然坠地？”

(11)韦氏至门，遣报孟家十三姊。韦生不信，曰：“十三姊随孟郎入蜀，那忽来此？”韦氏令(渔翁)具说此由，韦生虽惊，亦未深信。(《太平广记·原化记·韦氏》)

韦生被授杨子县尉，其姊十三妹即韦氏随夫孟郎赴任阆州，各奔东西。至骆谷，十三妹因马惊坠谷，后跨龙跃穴，腾空万里，坠于江岸深草之上，为一渔翁所救，送至杨子县。韦生得报不信，故有“那忽来此”之问。因此，如将其译为“怎会突然来此”，应该较妥。

这些例句中的“那忽”，有学者将其视为复合词[①]，但从语用上来看，将其视为线性序列上的邻接成分或许更为恰切。这种中间状态的存在，说明复合词“那忽”与作为线性顺序的邻接成分之间的来源关系是现实的。在线性顺序中，“那”与“忽”不在同一个句法层次上。“那”是一个疑问词，意为“怎么”“为何”；“忽”是一个副词，意为“突然”，与其他动词或动词短语组成一对直接成分。以“四娘那忽至此”“那忽来此”为例，其结构层次可表示如下：

[Subject 四娘[那[忽[VP 至此]]]]　　[那[忽[VP 来此]]][②]

“那”以“忽至此”和“忽来此”为修饰对象，所以“那”与“忽”只是线性顺序上邻接，并不构成一个句法单位。

“那”与“忽”连文不是孤立的个案，前期和同期文献中也有疑问词“如何”“奈何”与“忽”“忽然”邻接的例句，说明疑问词与“出乎意料”义的副词连用是一种常见的语法现象。如：

(12)尔时长瓜梵志闻舍利弗出家入道，嗔恚懊恼而作是言：“我此[外＊男]甥舍利弗，禀性聪慧博通群籍，十六大国宿旧论师咸服其德，如何忽然舍此高名奉事瞿昙？”即从南天竺来诣佛所，与佛论议。(《撰集百缘经·长瓜梵志缘》)

(13)镇东、豫州牧姚洸起兵洛阳，平西姚谌起兵于雍，将以赴泓之难。兴疾瘳，朝其群臣，征虏刘羌泣谓兴曰：“陛下寝疾数旬，奈何忽有斯事？”兴曰：“朕过庭无训，使诸子不穆，愧于四海。卿等各陈所怀，以安社稷。”(《晋书·姚兴载记下》)

由于在古汉语的承说法里，句子以不用主语为常(即承上省略)，当“那忽”之前另有分句时，它通常被置于后一分句句首。“处在分句

① 参见钟兆华：《疑问副词“何忽”》，《语文研究》2002年第4期。

② 括号表示结构层次，从里到外表示组合的先后次序，同一方括号内的成分构成一个句法单位。

开头位置的跨层结构最容易粘合成词”[①]，所以该句法位置为“那忽”实现跨层结构的词汇化提供了可能性。根据冯胜利的韵律构词理论，汉语中一个标准的音步是由两个音节构成的，而自然音步是右向音步，即不受句法和语义因素影响的音步是从左向右组织的，所以置于句首且由两个音节组成的“那忽”，构成了一个标准音步。同时，音步又是语流中最基本的韵律单元，具有一种“梏化作用”。处在一个稳定音步中的两个成分必然会被音步紧紧地“桎梏”起来，趋向“词化”。[②] 事实证明汉语大量的复合词都是经过音步这个“桎梏”成为“固化韵律词”，进而凝固为“词化韵律词”。

“忽”的“突如其来”义是建立在事件或行为动作发生得异常迅速的基础之上的，这使其运用受到较多的语义和语境制约，而其“出乎意料”的语用意义又完全可以由“那”加以传达。于是，在双音节趋势的推动下，“忽”的词义逐渐消失，“那忽”由此取消分界而固化为词。如：

(14)州中有土豪，外修边幅，而内行不轨，常为劫盗。鼎于都会时谓之曰：“卿是好人，那忽作贼？”因条其同党谋议逗留。其人惊甚，即自首状。(《隋书·艺术·韦鼎传》)

例中土豪“常为劫盗”，且有同党，所以其作贼就不是临时起意性质的，这里的“那忽作贼”就不能理解为“为何突然作贼”。应该说，该例中“忽”的词义已经消失，“那忽”已经固化为词，用于表示诘问。

“那忽”从一个跨层结构变为词后，“那”与“忽”之间的分立性被取消，特别是在反诘句中，“那忽”是以疑问方式否定其后成分所表示的行为或事理，“忽”的“突然”义已经很不明显了。如：

(15)永元中，(昉)纡意于梅虫儿，东昏中旨用为中书郎。谢尚书令王亮，亮曰：“卿宜谢梅，那忽谢我？”昉惭而退。(《南史·任昉传》)

例中任昉纡意于佞臣梅虫儿，因此得以升为中书郎，这令尚书令王亮

---

① 董秀芳：《词汇化》，成都：四川民族出版社2002年版，第291页。

② 参见冯胜利：《论汉语的“韵律词”》，《中国社会科学》2006年第1期。

颇为不齿。例中问话，如果是王亮假装对任昉的举动极为意外，加以嘲讽式询问，"那忽"就可以理解为"为什么突然谢我"；但如果是王亮以严词诘问的方式拒绝这种感谢，又可以理解为"为何谢我"。

如果我们关于"那忽"的推测不错的话，"何忽"应该也经历了大致相同的形成过程，且其产生时间有可能在"那忽"之前。因为就冯春田等人的研究来看，"那"由"奈何"音变而来，且其形成后，所进入的主流句式应该是自上古汉语以来的"何得/可/能＋VP"句式。[①]就"那忽"与"何忽"来看，二词结构、意义相同。可以说，"那"在某种程度上是对"何"的一种词汇替代。因此，能够肯定的是，"那忽"的形成受到"何忽"成词的影响甚至是其类化的结果，而不会是相反。[②]

至此，我们可以说，"那忽"形成之初相比于"那"，在语用上更能突显事情或动作行为的发生出乎言者的意料之外。这也可从下面的例句比较中看出：

(16)天宝中，陇西李陶，寓居新郑。常寝其室，睡中有人摇之，陶惊起，见一婢袍裤，容色甚美。陶问："那忽得至此？"婢云："郑女郎欲相诣。"……其后陶参选，之上都，留妇在房。陶后遇疾笃，鬼妇在房，谓其婢云："李郎今疾亟，为之奈何？当相与往省问。"……其夕，至陶所，相见忻悦。陶问："何得至此？"云："见卿疾甚，故此相视。"(《太平广记·李陶》)

例中李陶睡梦中被人摇起，又见一美婢在其床前，应是极为惊异，所以其发问为"那忽得至此"。后来，鬼妇日夕至陶所，因李陶早知其为鬼，来去迅疾无形，所以并无惊讶字眼出现，而是"相见忻悦"，然后才询问"何得至此"。因"何"与"那"出现在"得/可/能＋VP"句前时，二者完全同义，所以将"那忽"与"何得"相较，就能发现"那忽"与"那"在

① 参见冯春田：《反诘疑问代词"那"的形成问题》，《语言科学》2006年第6期。

② 董志翘、蔡镜浩也认定两词中的"忽"为语助，无义。但他们认为："'何忽'当由'那忽'演变而来，'那''何'均为疑问代词，故'何'可代'那'，而构成'何忽'这一同义词。"(董志翘、蔡镜浩：《中古虚词语法例释》，第374、229页)

语用上的差异。

“在任何一种语言里都存在这样一种观点，即当一种新的特殊的表达方式普及了或时间久了，那么至少在语感上就会失去特殊的地方，同时在使用上也有所谓‘统言’和‘析言’的区别。”[①]因此，发展到后来，“那忽”虽然在形式上与“那”不同，但并不见得都有什么特别的意义。

① 参见朱庆之:《将无考》,《季羡林教授八十华诞纪念论文集》(上)，第225～246页。

第五章 “莫”类测度副词的形成

一、测度副词“莫”的产生

“莫”在上古汉语中既可作代词,又可作否定副词。作副词时,主要表示劝阻或禁止,可解释为“别”“不要”,同时也可表示不施行某种动作行为,解释为“不”。后来,“莫”用于测度问句中,配合句式表示测度、商量的委婉语气。对于测度问句中“莫”的词性,一般学者将其定义为疑问副词或表示测度的语气副词。为行文方便,我们将其称为“测度副词”。刘坚、江蓝生认为表示测度疑问的副词“莫”早在先秦文献中就已出现,所举例句是《论语·述而》:“文,莫吾犹人也。”《庄子·则阳》:“莫为盗,莫为杀人。”《左传·昭公二十四年》:“阳不克,莫将集聚也。”①不过,古代学者对上述例句都有争议,将观点建立在这样的例子之上有失严谨。董志翘、蔡镜浩提出晋南北朝测度副词“莫”就已产生。② 例句如下:

(1)谢胡儿语庾道季:“诸人莫当就卿谈,可坚城垒。”庾曰:“若文度来,我以偏师待之;康伯来,济河焚舟。”(《世说新语·言语》)

(2)尔时大鱼敕小鱼曰:“汝等莫离此间往他处所,备为恶人所得。”尔时小鱼,不从大鱼教,便往至他处所。尔时鱼师,以饭网罗线捕诸鱼,诸小鱼见,便趣大鱼处所。尔时大鱼见小鱼来,便问小鱼曰:

---

① 刘坚、江蓝生等:《近代汉语虚词研究》,第261页。

② 参见董志翘、蔡镜浩:《中古虚词语法例释》,第365页。

"汝等莫离此间往至他所?"尔时小鱼便答大鱼曰:"我等向者以至他所来。"大鱼便敕小鱼曰:"汝等至他所,不为罗网取捕耶?"小鱼答大鱼曰:"我等至彼,不为人所捕,然遥见长线寻我后。"(东晋·竺昙无兰译《佛说大鱼经》)

(3)阁上人曰:"闻鱼龙超修精进,为信尔不? 何所修行?"长和曰:"不食鱼肉,酒不经口,恒转尊经,救诸疾痛。"阁上人曰:"所传莫妄?"阁上问都录主者:"石贤者命尽耶? 枉夺其命耶?"主者报:"按录余四十年。"(《古小说钩沉·幽明录》)

《世说新语·言语》中的"莫",作者释为"或许""大概"。但是,"莫"在这里或许是"暮"的本字。因为在魏晋时期,清谈大都在夜间进行,且常常通宵达旦,弥日信宿。《世说新语》中不乏其例,如《文学》:"真长延之上坐,清言弥日,因留宿至晓。"《赏誉》:"济先略无子侄之敬,既闻其言,不觉懔然,心形俱肃。遂留共语,弥日累夜。"《赏誉》:"(卫玠)从洛投敦,相见欣然,谈话弥日。"而且《世说新语》中另有4例"莫"作"暮"解的句子,如《任诞》:"后为广州刺史,当之镇,刺史桓豁语令莫来宿。"《假谲》:"江郎莫来,女哭詈弥甚,积日渐歇。"所以,此句存有异议。《佛说大鱼经》中的"汝等莫离此间往至他所",作者翻译为"你们或许离开这里到别的地方去吧。"但从上下文意来看,大鱼对小鱼要到其他地方去一直持反对态度,所以将其理解为以字面的否定来表达委婉肯定的一类表达方式也许更为恰切,可解释为:"你们不是离开这里到别的地方去了吧?"《幽明录》中的例句,江蓝生在《魏晋南北朝小说词语汇释》中也有引用[①],将"莫"视为表测度的副词应当没有异议。

二、从中古汉语否定词系统看"莫"的特殊性

汉语史上有许多测度副词,从字面来看,最初都是表示否定之

---

① 参见江蓝生:《魏晋南北朝小说词语汇释》,北京:语文出版社1988年版,第144页。

义，如“无乃、得无、难道、不成、不要、别是”等。据杨永龙的观察，“从否定词变为测度副词，或者经由测度副词再演变为反诘副词，这似乎不是偶然现象，而是一个规律”[①]。但是，在中国上古和中古汉语的本土文献中，由单音节否定词演变而来的测度副词一般是不能单独表达测度语气的，它需要和其他词构成双音节的形式而存在，如“无乃”。“无”的基本意义是“没有”，在上古汉语中用法较为复杂，既可以作代词，解释为“没有谁”“没有什么”，也可以作副词、介词和语气词。作副词时，既可以表示一般否定和未然否定，又可以表示禁止或劝阻。据王力研究，“有时候，‘毋’（无）和‘勿’当‘不’讲，往往是指一些不应该做的事情或者是不希望出现的事情”[②]。如《论语·学而》：“君子食无求饱，居无求安。”《左传·文公十二年》：“不有君子，其能国乎？国无陋矣。”后来，“无”在此语义基础上发展出表示测度的副词用法，即“无乃”。如《国语·楚语上》：“桓、文皆然，君不度忧于二令君，而欲自逸也，无乃不可乎？”《国语·越语上》：“今君王既栖于会稽之上，然后乃求谋臣，无乃后乎？”其中，表示测度语气的是“无”，“乃”的作用只是加强肯定，表示其后所确认的是某种事实。因此，有的语法书将“无乃”视为词组或副词性结构而非凝固词。但是，“乃”在这里又是必不可少的。许多语言中的事实都表明：否定性语素在语音上缺乏独立性，常需要其他词汇性成分的支持。在语言发展史中存在的否定性语素与其他语素发生贴附的例子是相当普遍的。比如，汉语中的动词“不失”，副词“不免”“未免”“无防”“非常”，助动词“不得”“不堪”，名词“不测”“不满”，连词“不管”“不论”“否则”等，都是否定词与其后中心词发生粘合的现象。[③] 因此，我们对“莫”何以能够单独表示测度颇有不解。

---

① 杨永龙：《近代汉语反诘副词“不成”的来源及虚化过程》，《语言研究》2000年第1期。

② 王力：《汉语语法史》，《王力文集》第11卷，第183～184页。

③ 参见董秀芳：《“不”与所修饰的中心语的粘合现象》，《当代语言学》2003年第1期。

不过，据朱庆之考察，中古时期的汉译佛经中“不”“非”“无”有时可以单独表示推测。[①] 如：

(1)梵志问长者曰：“何故愁忧，乃至于斯？无县官盗贼水火灾变所侵枉乎？又非家中不和顺耶？”(《增壹阿含经·须陀品》)

(2)王闻此语，心惊毛竖，慨叹所以，问使者言：“审实尔耶？此非是我鹿母夫人所生华也？”即问青衣：“鹿母夫人所生华者遗弃何处？”(《大方便佛报恩经·议论品》)

(3)时婆罗门径至殿前，高声唱言：“我在遐方，闻王功德。一切布施，不逆人意。故涉远来，欲有所得。”王闻欢喜，迎为作礼问讯：“行道不疲极耶？”(《贤愚经·月光王头施品》)

“不”“非”“无”用于推测问句，朱庆之认为并不是汉语的固有用法，而是对译于梵文 mā 的“将无”的“无”。但事实上，这种用法不仅仅出现于汉译佛经，中土文献中也不乏用例。如：

(4)(东平吕球)见一少女，乘船采菱，举体皆衣荷叶。因问：“姑非鬼邪，衣服何至如此？”(《古小说钩沉·幽明录》)

(5)(王肃来奔)芳未及相见。高祖宴群臣于华林，肃语次云“古者唯妇人有笄，男子则无”。芳曰：“推经《礼》正文，古者男子妇人俱有笄。”……高祖称善者久之。肃亦以芳言为然，曰：“此非刘石经邪？”……芳音义明辨，疑者皆往询访，故时人号为刘石经。(《魏书·刘芳传》)

(6)(舜粜米与后母，且将钱佯忘安著米囊中)如是非一。瞽叟怪之。语后妻曰：“非吾舜子乎？”(《敦煌变文·舜子变》)

由此看来，“莫”发展出测度副词的用法，应该和语言接触没有必然的联系。

在汉语中，以否定形式构成的测度问句屡见不鲜，即否定词本身可以从主观否定角度表示推测。中土文献和汉译佛经中都有用例。如：

---

① 参见朱庆之：《将无考》，《季羡林教授八十华诞纪念论文集》(上)，第 225～246 页。

(7)柔重问曰:“汝夫不与人有怨雠乎?”对曰:“夫良善,与人无雠。”又曰:“汝夫不与人交钱财乎?”(《三国志·魏志·高柔传》)

(8)刘真长与殷渊源谈,刘理如小屈,殷曰:“恶!卿不欲作将善云梯仰攻?”(《世说新语·文学》)

(9)追士因问向姥:“不见一黄须人骑马度此邪?”姥曰:“去已久矣,不可复及。”(《世说新语·假谲》)

我们通过分析发现,以上疑问句与一般是非问句不同,句中蕴含着这样一个意义:说话人有所判断,但是具有不确定性,因而要求对方作出肯定或否定的回答,也就是说这是一个测度疑问句。测度疑问句已经包含了说话人的一种主观判断,如下面两例:

(10)迦叶五百弟子,人事三火,凡千五百火。明旦燃之,火了不燃。怪而白师。师曰:“必是佛所为耳。”驰往白佛:“我五百弟子今朝燃火,了不肯燃,是佛所为乎?”(《中本起经·化迦叶品》)

(11)义真与左右相失,独逃草中。中兵参军段宏单骑追寻,缘道叫唤,义真识其声,出就之,曰:“君非段中兵邪?身在此。”宏大喜,负之而归。(《宋书·孝献王义真传》)

例(10)“是佛所为乎”虽是疑问句,也要求对方作出回答,但是却表达了说话人的主观认识,即说话人认为是佛所为,只是不能十分确定,因而要求对方回答。例(11)同样也表达了说话人的一种主观认识,依据常理来推断,事件的不发生是不需要推测的,因此说话人的判断不会是“非段中兵”。说话人在询问“非段中兵邪”时,主观上作出了与例(10)相同的肯定判断,即认为是段中兵。之所以要用否定的形式来表达,是要体现自己不敢相信事件发生的诧异之情。因此,例(11)表达了这样几层语义:说话人主观上不敢相信是段中兵,但判断是段中兵,又不能十分确定,进而询问对方要求作出回答。从整体来看,“非”已不表示纯粹的否定意义。它在表现说话人主观情感和意愿的同时,辅助测度语气的表达。但是从另一角度讲,“非”的否定意义并没有消失,而是转化为说话人主观性的表达,即表示说话人不希望事件发生或事件在意料之外,这在测度问句中体现得非常明显。

这种变化是否定词自身的语义基础和语法环境共同作用、发生语法化的结果。

张谊生也曾经指出，现代汉语中表揣测的“别不是”中的“不”是一种否定性的情态成分。[①]“别是”的构成和作用与“不是”相近，也是用于表示语气情态的副词。只是它表示的是揣测性的委婉语气，所以句末多用“吧”，而且其后的“是”不能省略。两者由于有相通之处，所以可以融合起来，从而出现了“别不是”和“别是”并存互用的羡余现象，其实“别不是”的“别”和“不”都没有否定义。如：

(12)看这样子，是想逃跑吧？/不是想逃跑吧？/别是想逃跑吧？/别不是想逃跑吧？

他进一步总结说：“总之，有些已经虚化的否定副词是用于表示整个句子的语气情态的，它们既可以在句子层面加强确定或揣测语气，也可以同相关的语气情态词语替换。”[②]

不过，中古汉语中“不”“无”所谓的单独表示推测与以否定形式表示测度询问时，基本上都属于谓语辖域，没有发现出现于小句句首的例句。而出现在带主语的完整小句句首，才是作为测度副词语法成熟的重要标志。两种句式由于没有明确的形式上的判别标准，学者之间的争议较大。如《敦煌变文·伍子胥变文》：“子胥心口思惟：‘此人向我道家中取食，不多唤人来提我以否？’遂即抛船而走，遂向芦中藏身。”吴福祥认为是否定词在“VP”前构成的测度问句[③]，而江蓝生、曹广顺将“不多”释为“莫非，多半，表示推测之词”[④]。“非”在上古和中古汉语里，一直是对判断表示否定的副词，多用来修饰体词性判断谓语，而名词、名词短语和完整小句一般都可视为体词性成分，所以对于出现于测度问句中的“非”，同样难以作出测度副词或否

---

① 参见张谊生：《现代汉语副词探索》，第234页。

② 张谊生：《现代汉语副词探索》，第234页。

③ 参见吴福祥：《从“VP-neg”式反复问句的分化谈语气词“么”的产生》，《中国语文》1997年第1期。

④ 江蓝生、曹广顺：《唐五代语言词典》，上海：上海教育出版社1997年版，第31页。

定副词的判断。因此，一般学者和各种词典都不认为“不”“非”“无”可以单独用为表示推测的疑问副词，而是一律视为以否定形式出现在测度问句中，词性仍为否定副词。

一般而言，同一词汇系统中的不同个体在虚化起点、演变过程、引申方式和虚化机制上常常表现出或明或暗的一致性。不过，“莫”却由于在晚唐五代时期的敦煌变文和《祖堂集》中出现了单独引导小句的例子而最终实现了由否定副词向测度副词的语法化。如：

(13)莫朕无天分？一任上殿，标寡人首，送与西楚霸王亦得。(《敦煌变文·汉将王陵变》)

(14)师云：“一粒在荒田，不耘苗自秀。”僧云：“若一向不耘，莫草埋却去也无？”(《祖堂集·落浦和尚》)

只是“莫”为单音节，语音上缺乏独立性，所以使用频率受到极大限制，很快就为“莫不”“莫不是”“莫非”等测度副词所淘汰，元代以后就难觅踪迹了。

三、“莫不”“莫不是”“莫非”的形成

对于“莫不”“莫不是”“莫非”的形成，目前论述较为深入的是叶建军。[①] 其观点可以简单地图示如下：(晚唐五代)测度副词“莫”大量出现 →(晚唐五代)“莫不”在跨层结构中经重新分析而词汇化 →(北宋初)“莫不是”受“莫不”类化产生 →(宋元之际)“莫非”受“莫不”“莫不是”类化产生。

但是，叶建军对“莫不”等否定形式产生原因的解释，很快就受到李宇凤的怀疑。她对叶文提到的带否定形式的“莫”字句一一进行了辨析，认为“肯定形式是‘莫’字测度问句的主要形式，而测度疑问副词‘莫’用于否定形式只有极个别例证”。这就从根本上否定了叶文的词汇化一说。当然，李文也对“莫不”等否定形式的产生原因作出了自己的解释，即“产生初期测度疑辞‘莫’所带的否定形式，基本上

① 参见叶建军：《疑问副词“莫非”的来源及其演化》，《语言科学》2007年第3期。

是语用上的主观否定。这同测度疑辞‘莫’来源中的那种‘不希望’的主观意义完全一致。‘不’本身从主观否定角度表测度，与‘莫’的关系接近于同义复用”①。这同江蓝生提出的构词层面的概念叠加与构式整合可谓是不谋而合。“所谓概念叠加和构式整合，是在两个意义基本相同的概念之间发生的，意义相同的两个概念叠加后，通过删减其中的某些成分（主要是相同成分）的方法，整合为一个新的结构式。”“叠加现象的产生是基于词或概念的同一性，这种创新现象，既发生在构词层面，也发生在句法层面。”“构词层面的叠合指两个同义词（多为双音节）或短语的叠加以及叠加后整合为词。”②

如前所述，汉语中单音节否定词演变而来的测度副词一般不能单独表达测度语气。汉语的韵律特点是双音节为标准音步，因此为了适应汉语的韵律规则，“莫”与“不”这两个在产生初期都表示对非期望事件测度的同义概念实现了叠加与词形的整合，即：莫 ＋ 不 → 莫不。如：

(1)鹊闻之，请入而吊。吊迄出门，知太子有命，语左右曰：“太子莫不要却生否？”（《搜神记》卷一）③

“不是”在晚唐五代时期也产生了用于测度问句中的用法。如：

(2)(皇)帝问曰：“朕前拜舞者，不是辅阳县尉催子玉否？”（《敦煌变文·唐太宗入冥记》）

因此，“莫不是”的形成也应该是概念叠加与词形整合的结果，即：莫 ＋ 不是 → 莫不是。如：

(3)公曰：“诸葛所止令士兵独种蔓菁者何？”绚曰：“莫不是取其才出田者生啖，一也……”（《刘宾客嘉话录》上）

(4)诸仁者还明心也未？莫不是语言谭笑时，凝然杜默时，参寻

① 李宇凤：《也谈测度疑问副词“莫”的来源》，《语言科学》2007 年第 5 期。

② 江蓝生：《概念叠加与构式整合》，《中国语文》2008 年第 6 期。

③ 转引自刘坚、江蓝生：《近代汉语虚词研究》，第 264 页。这里的《搜神记》为稗海本，笔者倾向于把它看作晚唐五代或北宋的作品。

知识时，道伴商略时，观山玩水时，耳目绝对时，是汝心否？（《景德传灯录·杭州宝塔绍岩禅师》）

江蓝生在对三音节叠合词的成因进行分析时指出："构词层面的叠加现象大多发生在口语中那些高频使用的同义常用词之间，叠合而成的三音词多是通行在某些方言中的口语词，这说明口语和高频使用是叠合词产生的土壤。"[①]如果对照着这个要求，"莫不"与"莫不是"在构词层面进行叠加的条件并不完全具备。用于测度问句中的"莫""不""不是"大多出现在作品的人物对话中，可以说是具备了口语性特征。但是除"莫"之外，"不""不是"的使用频率都不算高，甚至可以说是较低。在这种情况下，我们之所以认定"莫不""莫不是"的形成是构词层面而非句法层面的概念叠加与构式整合，除了认为韵律规则在其中所起作用极为关键之外，还因为当时还少量运用"应莫""莫应""不是莫"等复合形式。如：

(5)今称"如是我闻"，应莫经中虚谬？［《敦煌变文·维摩诘经讲经文(一)》］

(6)皇帝见使人久不出□□(来，心)□思惟，"应莫被使者于催判官说朕恶事？"(《敦煌变文·唐太宗入冥记》)

(7)昨夜频梦见，夫婿莫应知？（唐·王諲《闺情》）

(8)青提夫人闻语，良久思惟，报言："狱主，我无儿子出家，不是莫错？"（《敦煌变文·大目干连冥间救母变文》）

"应""不是"本身皆可表示测度。"应莫""不是莫"等复合形式的存在，说明这时的"莫应""莫不是"尚未固化为词，也许称其为词组更为合适。如果"莫不""莫不是"的形成是句法层面的概念叠加与构式整合，那么"不是莫"的出现就无法得到合理的解释。刘坚、江蓝生也认为这时的"'莫不是'和'不是莫'都应分析为'莫'与'不是'的叠用。这种叠用一开始是为了加强测度语气，到后来才凝固为一个词的"[②]。

---

① 江蓝生：《概念叠加与构式整合》，《中国语文》2008年第6期。

② 刘坚、江蓝生等：《近代汉语虚词研究》，第264页。

至于“莫非”的产生，我们倾向于认为是受“莫不”“莫不是”类化的结果。测度副词“莫”存在时间大体上可以限定为晋南北朝至元，“非”用于测度问句的用例也基本上是存在于中古时期，而“莫非”产生于宋元之际，元代仍不多见。因此，从时间因素上考虑，“莫非”不可能是概念叠加与构式整合的结果。但是，类化是语言的重要机制之一。当“不”“不是”同“莫”逐渐凝固为词之后，受其影响，同为否定词的“非”也会与“莫”在测度问句中发生类化。当然，正如叶建军的分析，测度副词“莫非”的生成也与否定副词“非”自身的功能、语义发展有关。[①] 另外，我们怀疑“莫非”的产生有补充“莫不”与“莫不是”句法功能的动因在内。据叶建军调查，疑问副词“莫非”用于判断式的测度问句（有时主语省略）时，最初往往直接置于 NP[②] 前，元代以后仍保留了这种用法。[③] 这就与一般用于动词性结构之前的“莫不”和“莫不是”形成了句法功能互补。如：

(9)恒曰：“莫非新进张学士否？”（《董解元西厢记》卷七）

(10)张表问：“甚人？莫非探马？”（《全相平话五种·三国志平话》卷上）

“把一个虚词放到它所属的系统中去考察，比之于孤立地研究单个虚词视野更开阔，也更便于找到问题的症结。”[④]因此，从整个中古汉语否定词系统来看，“莫”发展成为测度副词应是语言发展中同一系统下单个词语特殊性的体现。同为“莫”的否定形式，“莫不”“莫不是”与“莫非”的形成过程也不尽相同。这提醒我们，在今后的虚词研究中应做到系统研究和个体考察的有机结合，而非顾此失彼，以免有失偏颇。

---

① 参见叶建军：《疑问副词“莫非”的来源及其演化》，《语言科学》2007 年第 3 期。

② 这里 NP 代表“名词性成分”或“名词性短语”。

③ 参见叶建军：《疑问副词“莫非”的来源及其演化》，《语言科学》2007 年第 3 期。

④ 刘坚、江蓝生等：《近代汉语虚词研究·前言》，北京：语文出版社 1992 年版，第 7 页。

中　篇
近代汉语疑问句研究

第一章　聊斋俚曲中的是非问句

汉语的是非疑问句有自己的特点。它提出的问题一般只要求对方作出肯定或否定的回答，不需要回答具体的人物、事件、原因等。对于现代汉语是非问句的来源，吴福祥经研究认定，其来源有两个：一是承继了先秦以来原有的类型而更换了句尾语气词，二是由后汉至唐宋的“VP-neg”式反复问句分化而来。① 这一观点得到了广泛的认同。而宋金兰在勉强承认晚近时代某些语言或方言里可能确实存在由“VP 不 VP”（“V 不 V”）省略为“VP 不（V 不）”而产生的疑问语气词从而构成的是非问句的同时，指出汉藏语的是非问句大体上可分为两种基本类型，即粘着型和分析型，而粘着型是非问句的历史更为古老。她认为粘着型是非问句的语法标志疑问式前缀源于否定词，而分析型是非问句是由粘着型是非问句演变来的，其语法标志疑问语气词与疑问式粘附成分之间存在着渊源关系。但是就她的分析来看，其间存在着诸多的矛盾之处。依照她的理论推理，既然分析型是非问句是由粘着型是非问句演变而来的，那么汉语中粘着型是非问句的产生年代应该远远早于分析型是非问句。因为诚如她自己所言：“是非问句由粘着型向分析型的演变是一个十分漫长的渐变过程，不可能一步到位。前缀首先得演变为后缀，后缀在自身内部再逐

① 参见吴福祥：《从“VP-neg”式反复问句的分化谈语气词“么”的产生》，《中国语文》1997 年第 1 期。

渐积聚语气词的特征，然后才可能实现由粘着形式向分析形式的质变。”[①]她在分析中指出，商周的语言材料中尚未发现疑问语气词，所举商代殷墟卜辞中的是非问句如下：

(1)我其丧众人？（合 50 正）

(2)多羌不获鹿？（合 153）

(3)子强毋有疾？（合 23531）

她认为上述句中的“其”“不”“毋”等便是是非问句的语法标志——疑问式前缀。也就是说，她认为商周时期的是非问句为粘着型是非问句。但她很快在文章的第二部分中就指出：“汉语的是非问句大约在商周之际开始出现由粘着型向分析型转变的倾向。分析型是非问句产生的标志是疑问语气词的出现。最早的疑问语气词一般认为是见于商代殷墟卜辞中的‘执’‘抑’和‘不’，‘不’也见于西周金文。”[②]在这里，她极为清楚地指出，商周时期已经出现了分析型是非问句。既然商周时期同时存在粘着型和分析型是非问句，那么分析型是非问句向粘着型是非问句演变的历史轨迹就无法凸现出来，而她所提出的分析型是非问句是由粘着型是非问句演变来的理论也就无法成立。因此，对于现代汉语是非问句的来源，我们更倾向于吴福祥的观点。

任何疑问句总要传达一定的疑问语气。吕叔湘在《中国文法要略》中便指出：“疑问语气是一个总名，‘疑’和‘问’的范围并不完全一致。一方面，有传疑而不发问的句子，例如‘也许会下雨吧’，可以用问话的语调，也可以不用问话的语调；另一方面，也有不疑而故问的句子，例如‘这还用说？’等于说‘这不用说’。前者是测度，后者是反诘；测度句介乎疑信之间，反诘句有疑问之形而无疑问之实。只有询问句是疑而且问，如‘前次的信收到没有？’‘我不知道你收到没有，我

---

① 宋金兰：《汉藏语是非问句语法形式的历史演变》，《民族语文》1995 年第 1 期。

② 宋金兰：《汉藏语是非问句语法形式的历史演变》，《民族语文》1995 年第 1 期。

问你。'询问，反诘，测度，总称为疑问语气。"[①]这实际上是按疑问信息的有无、疑问程度的高低把疑问句分为三类。就是非疑问句来看，询问、测度、反诘这三种疑问语气它也都有所传达。因此，我们可以以此为标准，将《聊斋俚曲集》中的是非问句分为三种：表询问的是非问句、表测度的是非问句、表反诘的是非问句。

一、表询问的是非问句

表询问的是非问句，其所问都是涉及事情的全部而不是部分，亦即都是询问行为动作或情况本身发生与否、存在与否、正确与否等等。但是，从广义上讲，对行为动作情况发生与否、存在与否、正确与否等加以询问，并不等于对该行为动作情况全然不知。事实上，根据产生问话的语境考察，表询问的是非问句在语义上有两种不同情形：一种是问话人对所问情况一无所知，希望听话者能对问题作出回答以获取新的信息，问而求答；另一种是问话人对情况已有所知，或者进而有所推测、估计，却不知是否正确、可靠，希望从对方那里得到证实。[②] 在这里，我们将表询问的是非问句进行狭义的界定，仅指问话人对所问情况一无所知的情形，而将第二种情形，即问话人对情况已有所知，归入表测度的是非问句。

（一）句法结构

从句末是否使用疑问语气词来看，在这种类型的是非问句中，只出现了一种询问句式，即句末使用疑问语气词的表询问的是非问句。出现在这一句式中的疑问语气词有两个："么"和"哇"。如：

（1）（张炳之）说："你知道您姑家么？"（《聊斋俚曲集·慈悲曲》）

（2）二郎问："菩萨给了水了么？"（《聊斋俚曲集·寒森曲》）

（3）娘子听说诗韵，唬了一惊，便问："这诗韵还有两样么？"（《聊

---

① 《吕叔湘文集》第 1 卷，第 281 页。

② 参见胡光斌：《是非问句三题》，《贵州文史丛刊》1996 年第 3 期。

斋俚曲集·蓬莱宴》)

(4)彩鸾问道:“这庄里有个文箫么?”(《聊斋俚曲集·蓬莱宴》)

(5)公子见云:“娘子好哇?”(《聊斋俚曲集·禳妒咒》)

就该类表询问的是非问句的句法结构来看,当问话人预先一无所知,没有任何倾向性的答案,问话的目的是为了从对方得到答案时,只能采用肯定是非问句,而不能采用否定是非问句,并且一般情况下要使用疑问语气词。不用语气词的是非问句,几乎都表示问话人对所问情况已有所知或进而所作的推测、估计。因此,语义上都属表测度的是非问句。只有1例属于表询问的是非问句,即:

(6)里边念佛,待俺先问问老王:你太爷和太太今夜安好?(《聊斋俚曲集·禳妒咒》)

(二)语义类型

从语义角度出发,我们又把狭义的表询问的是非问句分为两类:

1.真性询问

真性询问即问话人对所问情况一无所知,希望从对方那里得到了解。如:

(7)大王又问:“那院里就收了他的么?”(《聊斋俚曲集·磨难曲》)

(8)(方二相公)进来见了妹子,说:“收拾停当了么?”(《聊斋俚曲集·磨难曲》)

(9)鸿老说:“……二位兄长每日见他,知他情性,可以保的稳么?”(《聊斋俚曲集·磨难曲》)

(10)我且问你:听说江城过来不合你睡觉,近来好了么?(《聊斋俚曲集·禳妒咒》)

(11)着人出来说:“你看的真么?”(《聊斋俚曲集·富贵神仙》)

2.问候式询问

双方见面时,一般性的问候语,简称为“问候式询问”。问候式询问同真性询问相比,有其特殊性。一般情况下,问候式询问的发问方对所问情况是不知的，这是它与真性询问的一致之处，也是我们将其归入狭义的表询问的是非问句的根本原因。但同时，发问方发问的目的并不是为了从对方那里得到答案，其发问仅仅是出于一种礼貌所需，答案甚至答话人是否回答对他来说都是无关紧要的。如：

(12)李氏也问："爹好，娘好，哥哥、嫂嫂都好么？"(《聊斋俚曲集·墙头记》)

(13)(银匠问)："是那个呀？原是二位贤侄。令尊好么？"(《聊斋俚曲集·墙头记》)

(14)六哥说："你老人家好么？"(《聊斋俚曲集·增补幸云曲》)

二、表测度的是非问句

(一)句法结构

对于这种是非问句，我们也可以根据句末是否使用疑问语气词而将其分为两类。

1. 句末使用疑问语气词的测度是非问句

就该句式所使用的语气词来看，有"罢""呀""呢""哩""么"等语气词。其中，由"么"构成的测度是非问句为数最多，达到101例。如：

(1)(银匠说)："呀，原是张大哥么？"(《聊斋俚曲集·墙头记》)

(2)(张大说)："咱爹还没起来么？"(《聊斋俚曲集·墙头记》)

(3)他姑细想了想，才大惊失色说："你是小讷子么？"(《聊斋俚曲集·慈悲曲》)

(4)阎罗把眼一瞪说："你这意思里还带赖么？"(《聊斋俚曲集·寒森曲》)

(5)大姐说："你大妗子看见这个人像是眼生么？"(《聊斋俚曲集·翻魔殃》)

表测度的是非问句表示问话人预先对某事有所知，并有倾向性的答案，或肯定、或否定、或怀疑，但不能确定，问话的目的是希望得到对方的证实。这种情况下，如果所知信息是以肯定句式负载的就用“肯定是非问句”，如例(1)(3)(4)(5)；如果所知信息是以否定句式负载的就用“否定是非问句”，如例(2)。

2. 句末不使用疑问语气词的测度是非问句

该种句式在《聊斋俚曲集》的测度是非问句中占有相当大的比重。一般情况下，这种句式是以肯定句式负载的“肯定是非问句”。如：

(6)娘娘笑说：“南康府是你的故家？”(《聊斋俚曲集·蓬莱宴》)

(7)(二姐姐)遂笑道：“你果真肯替我？”(《聊斋俚曲集·增补幸云曲》)

(8)二姐赔笑道：“大人不见小人过，你就合俺一般见识？不接客挣不了钱去，回家妈娘打我，你就看得上？”(《聊斋俚曲集·增补幸云曲》)

(9)万岁说：“赛观音输了呢？也是二十两？谁出？”(《聊斋俚曲集·增补幸云曲》)

(10)(李氏跑出来说)：“怎么着？待要地？黑夜里睡不着，那里寻思不到呢！”(《聊斋俚曲集·墙头记》)

(二)语义类型

根据构成问句的语义情况，表测度的是非问句又可以分为推断式、存疑式、商求式三种。

1. 推断式

问句所问情况，是根据某些已知情形推断出来的。这是表测度的是非问句中最常见的一种。有的是根据某种情景或迹象而推断的。如：

(11)太太说：“乜两眼红红的，你哭来么？”(《聊斋俚曲集·磨难曲》)

(12)那人大怒道：“你的牌票、银子全无，你莫非是一个响马？这两日关前短了皇杠，一个也还没拿着哩。……”(《聊斋俚曲集·增补

幸云曲》)

(13)方二爷等了会子,见他总不送来,便说:“他这意思里,还待等着我去央给他么?”(《聊斋俚曲集·富贵神仙》)

太太根据儿子两眼红红的而推测他哭过;那人从万岁既无牌票又无银子,联想到“关前短了皇杠”,从而推测他是一个响马;方二爷在中举后,从老马总不送方娘子这一迹象中推测出老马在等着自己去央求他。

有的是根据对方的行动、举止或话语而推断的。如:

(14)仲起说:“……那县官就合那牧羊的一般,岂有全然不杀百姓的?”按院笑了笑说:“想是贵县就有被他杀过的?”(《聊斋俚曲集·磨难曲》)

这是通过对方的话语而进行的推测。

(15)老马回县,立刻吩咐说:“张逵业已来家,去给我拿他来。他若不出来,还代方氏来回话。”众衙役都不作声。老马大怒说:“奴才们怕方家,倒不怕本县了?”(《聊斋俚曲集·磨难曲》)

这是根据众人的举止所作的推断。

(16)(哑巴)又比量有三尺高,做一个望上掀的形状。(按院)问:“是马驮去了么?”又点点头。又指着自己的眼,比着淌泪的光景。问:“你老婆去时哭来么?”(《聊斋俚曲集·磨难曲》)

按院通过哑巴的动作对其想要表达的意思加以推测。

有的是根据事理、人情而推断的。如:

(17)我把你奸佞官!拿人容易放人难。做贼也要真赃犯,影响事情无照对,就把妻子送在监。你也不是人来变!譬如你砍头问罪,也把您老婆牵连?(《聊斋俚曲集·磨难曲》)

老马在方公子逃跑后,违犯法律将方娘子抓捕起来,方娘子由此推理并加以质问:如果你老马砍头问罪,也把您老婆牵连治罪吗?

(18)(王龙)说道:“长官,俺输了的罚银二十两,吃酒三盅。”万岁说:“赛观音输了呢?也是二十两?谁出?”(《聊斋俚曲集·增补幸云曲》)

王龙提出他输了的话罚银二十两，万岁于是推测如果王龙的相好赛观音输了的话，也应该是二十两。

(19)(周仲美家人抬盒上)"俺周仲美，是高四于的表兄。听说表弟着他大姨子打的甚苦，不免到那里看看。呀！那是表妹夫张石庵来。"石庵上，仲美拱了拱手说："妹夫是待看高大弟去？"(《聊斋俚曲集·禳妒咒》)

这是周仲美根据人情所作的推断。

有时，问句所问情况是问话人根据自己的主观想象、看法或愿望所作的猜测和估计，这实际上也是一种推断。如：

(20)小二出去，不多一时，跑回来说："不好了！驴不见了！"主人说："想是开了？"(《聊斋俚曲集·磨难曲》)

(21)这想是施舜华又来作戏，便说道小娘子会弄张致，平白里哄杀人光行那鬼怪计。看了看保儿还在床睡，比着昨夜更不差毫厘。你又把那竹夫人拿了来了？小娘子，我可从今不信你。(《聊斋俚曲集·磨难曲》)

(22)员外便问："先生没到家么？来的怎么这样速呢？"(《聊斋俚曲集·富贵神仙》)

2.存疑式

问话人对某种情况已经知道，但还不十分清楚、准确，因而发问。如：

(23)(合庵)："他家有个张先生么？"(《聊斋俚曲集·富贵神仙》)

(24)(张春)便上梯子跳过墙来叫了一声："真个大弟来了家了么？"(《聊斋俚曲集·富贵神仙》)

(25)银匠说："敬访尊翁。才令兄说来了这边，在家么？"(《聊斋俚曲集·墙头记》)

(26)一家人扶到屋里，才问："你不相干呀？"那姜娘子说："我就是主意要死。"(《聊斋俚曲集·翻魇殃》)

在这些例句中，问话人都已经通过其他途径对情况有所了解，但是还不十分清楚、准确，所以进行发问，试图加以核实和确定。

有时还含有不敢相信、不愿相信的意思。如：

(27)孩子叫道："牛大爷休哭，那是俺牛大哥来了。"老儿拭泪说道："我儿，你来了么？"(《聊斋俚曲集·磨难曲》)

(28)那人大惊说："呀！你是我家保儿么？"(《聊斋俚曲集·磨难曲》)

(29)他姑细想了想，才大惊失色说："你是小讷子么？"(《聊斋俚曲集·慈悲曲》)

问话人对被询问对象的出现或巨大变化感到非常的意外和惊异，难以置信，所以加以询问。

(30)(珊瑚)磕了起来说："娘真个待休了我么？"(《聊斋俚曲集·姑妇曲》)

珊瑚尽管已经拿到了休书，知道了被休掉的事实，却不愿意相信。

有时问话人对所问情况已经了解得相当清楚、准确，但出于某种目的而故意装作不知，从而发问。如：

(31)老马说："你就是张逵的妻么？"(《聊斋俚曲集·磨难曲》)

方娘子是由老马下命令抓来的，他当然知道现在站在自己面前的是张逵的妻子——方娘子。在这种情况下，他的发问仅仅是出于一种审讯程序的需要。

(32)张炳之说："小讷子在这里么？"(《聊斋俚曲集·慈悲曲》)

张炳之自己出主意让儿子小讷子到他姑姑家避难，现在到姐姐家进行假意寻找，完全是明知故问。

3. 商求式

问话人提出一种主张、建议，与对方商量，征求对方意见。如：

(33)慧娘说："咱修理修理不的么？"(《聊斋俚曲集·翻魇殃》)

(34)(老王)便问商相公："我着赵春元给你烧埋银子二十两，罢了么？"(《聊斋俚曲集·寒森曲》)

(35)鸿渐说："娘子怎么偏偏的与我解闷？我实不敢相瞒：嫩子娇妻，四五年没有音信，今日忽然感触起来。娘既是仙人，送我家里看看不好么？"舜华冷笑了一声，说："你待去你就去，不必商议我！"(《聊斋俚曲集·磨难曲》)

三、表反诘的是非问句

(一)句法结构

在是非问句中,问话人一般都确有所疑,希望对方回答。但是,有时说话的人心中已有明确的看法,只是用是非问句的形式来曲折地表达或肯定或否定的意思,显示某种特殊的感情色彩,实现某种特定的语用价值,我们将这类问句称之为"表反诘的是非问句"。对于表反诘的是非问句,我们根据句中是否使用疑问副词和疑问语气词将其分为四类:

1. 只单纯使用疑问语气词表反诘的是非问句

是非问句可以单纯凭借疑问语气词来实现反诘的目的。在《聊斋俚曲集》中,该类句式所使用的语气词有"罢""呀""呢""吗""乎""也""么"等语气词。其中,由"么"构成的测度是非问句为数最多,达到 105 例,占到该类句式的 90%以上。

(1)高公说:"……着咱那儿郎,背着咱去合他丈人家相处,咱不成了老扯淡了么?"(《聊斋俚曲集·禳妒咒》)

(2)高公说:"……他相爱,做爷娘的与媳妇为仇呢!"(《聊斋俚曲集·禳妒咒》)

(3)把父亲的尸骸暴露,我问你于心安乎?(《聊斋俚曲集·寒森曲》)

(4)那一日俺王大娘就没打你呀?(《聊斋俚曲集·禳妒咒》)

(5)我果然没有小长命那本领吗?天下可也没有他那一份子奶奶罢了。(《聊斋俚曲集·禳妒咒》)

(6)珊瑚说:"我来了三四年,在娘身上就没点好么?"(《聊斋俚曲集·姑妇曲》)

就《聊斋俚曲集》之前的作品来看,《西游记》中的是非问句末,不用疑问语气词的占多数,使用疑问语气词的占少数,且疑问语气词限于"么、耶、也、哩、乎"5 个。而出现在表反诘的是非问句句末的语气词，仅有“么、耶、乎”3个，其中又以“么”所占数量为多。[①] 在《水浒全传》中，反问句句尾几乎不用反问语气助词。只有个别的文言反问句用“哉”，口语句里，用反问语气助词的不超过10例，仅及反问句总数的0.4%。反问语气助词，一个是“么”，一个是“不成”。[②] 由此看来，表反诘的是非问句句末的疑问语气词正处于近代汉语向现代汉语的转型期，一方面新的语气词逐渐产生，另一方面其功能越来越集中到“么”上。

2. 只单纯使用疑问副词表反诘的是非问句

一些是非问句单纯使用疑问副词来表达肯定或否定的意思。《聊斋俚曲集》里该类句式中的疑问副词主要有“难（难道）”“岂”两个，二者所占比重大致相当。如：

(7) 江城说：“你又不知作下甚么精儿了，难道说好好的就打你？”（《聊斋俚曲集·禳妒咒》）

(8) 好蹊跷，好蹊跷，新月刚刚上树梢，方才掌上灯，难说就睡了觉？（《聊斋俚曲集·禳妒咒》）

(9) 赵大姑说这不消，俺那叫驴大又高，您妗子呀，飞颠飞跑岂不妙？（《聊斋俚曲集·慈悲曲》）

与此相比，《西游记》一书中不见有使用“难道”的例子，使用最多的是“岂”。《水浒全传》的反问副词中，传统的“岂”仍然占主导地位，近代新兴的“却”“不成”“难道”还无法取代“岂”。这些都说明，反问副词中，近代汉语新兴的口语词还只处于上升时期，没有达到成熟的阶段。

3. 既使用疑问语气词又使用疑问副词表反诘的是非问句

在某些表反诘的是非问句中，疑问语气词和疑问副词同时使用，具有加强反问语气的作用。这在《聊斋俚曲集》里也有所使用。

---

① 参见山述兰、刘志生：《〈西游记〉中的是非问句》，《成都师范高等专科学校学报》2003年第3期。

② 参见李思明：《〈水浒全传〉的反问句》，《安庆师范学院学报》1989年第3期。

(10)贼强人太揸煞,俺今日到您家,难说济你揉搓罢?(《聊斋俚曲集·禳妒咒》)

(11)将军既有此意,就此起行,不过临明可到,趁他不作准备,岂不妙哉?(《聊斋俚曲集·磨难曲》)

(12)二姐被万岁泚了几句,就羞的低了头说:"姐夫好乔性儿!每哩既犯相与,就不问问么?"(《聊斋俚曲集·增补幸云曲》)

4.既不使用疑问语气词又不使用疑问副词表反诘的是非问句

由于在问话人预先一无所知、问话的目的是为了从对方得到答案的情况下,只能采用肯定是非问句而不能采用否定是非问句,所以在问话人预先对某事有所知、并有倾向性的答案的表反诘的是非问句中,往往以否定是非问句为主。而在该种句式中,否定是非问句所占比重更是达到了90%以上。如:

(13)大姐说:"其实合他做了亲也罢了,这不是二弟又进了?"(《聊斋俚曲集·翻魇殃》)

(14)万岁说:"你可相差了。就没有装作军家的?"(《聊斋俚曲集·增补幸云曲》)

(15)万岁把眼一瞪说:"杀猪宰羊还不是大荤?只等的杀个人吃么?"(《聊斋俚曲集·增补幸云曲》)

(二)语义类型

一定的语法形式要表达特定的语法意义。是非问句的反诘用法主要表明说话人的一种心态,包括主观上的意愿和客观上的推理。按语义类型的不同,我们将《聊斋俚曲集》中表示反诘的是非问句分为以肯定形式表示否定意思和以否定形式表示肯定意思两类。

1.以肯定形式表示否定意思

对字面肯定的句子的反问,实质是加强型的否定。否定的对象主要是动词,少数是助动词和能可性助词,个别为副词。如:

(16)方相公说:"你不必如此。俺们该灭了门了么?"(《聊斋俚曲集·磨难曲》)

(17)皇帝大怒说:“呸!设或那贼反进京城,难道你也只是招安?”(《聊斋俚曲集·磨难曲》)

(18)休得胡言,休得胡言,难说三日便成仙?(《聊斋俚曲集·禳妒咒》)

(19)这翰林极是美官,人人求之不得的,难道说方二爷他潮么?(《聊斋俚曲集·富贵神仙》)

2.以否定形式表示肯定意思

对字面否定的句子的反问,也是加强性的否定,不过由于句子本身又有否定词,也就形成了否定的否定,语义实为加强性的肯定。理解时,一般将否定词去掉就可以。这种句子主要是否定动词,少数是否定形容词。

(20)您从头里急如火星,吃水不耽误工夫么?(《聊斋俚曲集·磨难曲》)

(21)方相公说:“那时节轿马送去,不费你的事么?”(《聊斋俚曲集·磨难曲》)

(22)若不去,可不辜负我这一片好心么?(《聊斋俚曲集·禳妒咒》)

(23)忽然揭起眼罩说:“这不是二姑家里大哥么?”(《聊斋俚曲集·富贵神仙》)

(三)语气词“么”与“吗”

“吗”是现代汉语里使用频率非常高的一个词,它用于句末,表示疑问语气。其用法可以概括为两点:一是用于是非问句末尾,二是用于反问句的末尾。对于它在汉语历史中的形成和发展,前辈学者作了许多有益的探索,并且得出了一些较为令人信服的推断。这些论断主要体现在两点上:一是认为“吗”是直接由语气词“么”演变而来。“无”是“么”的前身,而“么”又是“吗”的较古形式。起初“么”读为[miua],后来由于韵头失落变为[ma],于是采用了“吗”。这以王力的观点为代表。[①] 二是认为疑问语气词“吗”始见于《红楼梦》。大致说来，唐代用“无”，晚唐以后用“么”，清代以后用“吗”。《红楼梦》“么、吗”并用，可能全都读[ma]，用“么”字时只不过是仿古罢了。[②]这是王力最早提出的观点，也是这一见解的最具代表性的概括。潘允中在《汉语语法史概要》中说：“它作疑问语气词比较晚出，现在已经发现的用例是成书于18世纪的《红楼梦》。”[③]日本学者太田辰夫在《中国语历史文法》“助词”一节中也说：“写成‘吗’是清代的事情。”[④]所举例句也均出自《红楼梦》。

对于“吗”的形成和出现的最早年代，钟兆华也提出了自己的观点。[⑤] 他通过对韵文用韵的考察，从认识疑问语气词“么”开始，进而探寻了语气词“吗”。其结论有三：一是从唐代开始，以《广韵》“歌、戈”韵系的音读演变为元代《中原音韵》的“歌戈”韵音读，“$么_1$”随着这个音变，延续使用到明清时代。二是从北宋末年兴起，以[ma]为音读的疑问语气词，在韵文中也用“么”来表示，这就是“$么_2$”。这样，北宋末年之后就逐渐形成了“$么_1$”“$么_2$”并存的局面。于是，钟兆华就此认为元明清间普遍适用于口语中的句末疑问语气词“么”就应当是“$么_2$”而不是“$么_1$”。三是认为疑问语气词“吗”始见于《红楼梦》的说法与汉语的历史事实本身相差甚远，将其最早的用例提前到北宋时期。他所依据的史料为南宋皇都风月主人所编的《绿窗新话》转引北宋《邻几杂志》的一句话。现将引文照录如下：

(24)《邻几杂志》云：党太尉观画真，忽大怒曰：“我前画大虫，犹用金箔贴眼，我便消不得一双金眼睛吗?”其意盖斥画师为之画真容时，未用金眼睛，认为寒窘也。

对于造成“么”两读的原因，孙锡信认为其因有二：一方面，按照

① 参见王力：《王力文集》第11卷，第440页。

② 参见王力：《王力文集》第11卷，第443页。

③ 潘允中：《汉语语法史概要》，郑州：中州书画社1982年版，第186页。

④ [日]太田辰夫：《中国语历史文法》，蒋绍愚、徐昌华译，第328页。

⑤ 钟兆华：《论疑问语气词“吗”的形成与发展》，《语文研究》1997年第1期。

语音演变规律，大部分“么”字由[mua]变读为[muo]；另一方面，基本保留古音的“么”字在口语中并未消失，因此读[mua]为[ma]，后来用“吗”表示。[①] 其看法和钟兆华的观点相差不大。同时，孙锡信也赞同钟兆华对“吗”出现的最早年代所提出的异议，并且又补充了明清时期的许多语料，对钟兆华的观点加以支持。[②] 为下文分析需要，现将其所补充的《红楼梦》年代之前的语料照录如下，并对语料的出处择其要略加以说明。

《石点头》是明代拟话本小说，作者是明朝天然痴叟，字浪仙。孙锡信推断此书当刊行于明代崇祯年间，即 17 世纪中叶以前。其中“吗”问句 3 例：

(25)若一嫁去，又变出些什么事故，岂不与今日一般吗？（《石点头·卢梦仙江上寻妻》）

(26)你为何这般光景，莫非与那个学生合气吗？（《石点头·王立本天涯求父》）

(27)李光普道：“可是你藏在里边的吗？”（《石点头·唐玄宗恩赐纩衣缘》）

被日本学者濑户口律子考证其撰著年代当在乾隆十四年到十八年(1749～1753)之间的《白姓官话》中用“吗”2 例：

(28)老爷说：难道不依你们吗？（十一丁里）

(29)如果就去，好吗？（二十六定表）

也曾被钟兆华征引的清代杨潮观(1710～1788)的《吟风阁杂剧》中见用“吗”2 例：

(30)你记得圯桥上的黄石老翁吗？（《黄石婆授计逃关》）

(31)人都道你圆寂去了，怎还在此？你不曾死吗？（《大葱岭只履西归》）

从韵文用韵的语音方面来考察“吗”的形成和发展，确实有一定

---

① 参见孙锡信：《近代汉语语气词》，北京：语文出版社 1999 年版，第 106 页。

② 参见孙锡信：《近代汉语语气词》，第 159～161 页。

的可信性,但缺乏语法运用上的印证。尽管孙锡信认为,在用法上“吗”与“么”的差异没有与其音变原理相近的“呀”和“也”那么大,语用上“吗”“么”一脉相承,仅仅字形相异,把“么”看作“吗”的前身,而不当作两个不同的语气词,应该是适当的。[①] 但是从理论上讲,“么”之所以会发生新旧两音共存,也应当是因为其用法上存在有差异性。就一些学者和我们的考察来看,早期的“吗”和“么”在用法上确实也存在着差异性。

我们仔细分析了孙锡信和钟兆华所引语料的例句后发现:北宋《邻几杂志》中的 1 例“吗”表示反问语气;明代崇祯年间(1628～1644)的《石点头》中的“吗”1 例用于表示反问,2 例用于表示测度;[②] 清代乾隆十四年至十八年(1749～1753)的《白姓官话》里的“吗”1 例用于表示反问,1 例用于表示测度;清代(1710～1788)的《吟风阁杂剧》中“吗”1 例用于表示询问,1 例用于表示测度。在这 8 例语料中,除了与以程伟元乾隆壬子(1792)活字本为底本的排印本《红楼梦》年代相近的《吟风阁杂剧》中出现 1 例“吗”用于表示真性询问的例句外,其余 7 例都用于假性问。

另外我们考察了崇祯本《金瓶梅》的前 69 回和《醒世姻缘传》全书,《金瓶梅》中没有发现“吗”的用例;《醒世姻缘传》中出现 1 例“吗”问句,也表示反诘、自明的语气。例句为:

(32)吕祥道:“……小的领了凭回来,狄监生等不的,去了,把小的行李工钱俱没留下。狄监生的娘子合小的往前赶船,赶到淮安没赶上,没的小的的工钱行李不要么?赶了他两个骡,还没得卖出去,

---

① 孙锡信:《近代汉语语气词》,第 106 页。

② 吴福祥在《从“VP-neg”式反复问句的分化谈语气词“么”的产生》一文中,以《祖堂集》“摩”(即“么”的早期字形)能用于以测度词“莫”为语义标记的测度问句,“吗”通常不能进入“莫 VP[　]”的句法、语义框架来说明“么”的功能不尽同于现代汉语语气词“吗”。我们没有考察更多的文献资料,但就《石点头》中的用例来看,能否进入“莫 VP[　]”的句法、语义框架,并不是“吗”与“么”功能相区别的关键点。

叫扬州府的番子手拿住，屈打成招，说我是贼。爷详情，这就是贼吗？”（《醒世姻缘传》第八十八回）

而《聊斋俚曲集》中一共出现了2例句末用疑问语气词“吗”的是非问句，也都表示反诘和自明的语气。摘录如下：

(33)那魏明的结果，还不是一个样子吗？（《聊斋俚曲集·翻魇殃》）

(34)我果然没有小长命那本领吗？天下可也没有他那一份子奶奶罢了。（《聊斋俚曲集·禳妒咒》）

香坂顺一在《白话语汇研究》里比较了《红楼梦》中“吗”和“么”的用法，指出在《红楼梦》的后四十回，“吗”“么”并用并不意味着二者可以无条件的混用。[①] 举例选摘如下：

(35)胡说！我就不识时务吗？若是上和下睦，叫我与他们猫鼠同眠吗？（《红楼梦》第九十九回）

(36)听见宝二爷说老太太叫我，敢不来吗？（《红楼梦》第一百零五回）

(37)况且这话是告诉得二奶奶吗？（《红楼梦》第九十七回）

(38)你来了，不是要行令吗？（《红楼梦》第一百零八回）

(39)走的走，跑的跑，还顾主子的死活吗？（《红楼梦》第一百零六回）

文中分析说，在这样的句子中用“吗”，显然并非是单纯的是非疑问句，而且只有在反诘或者带有自明语气的场合，“吗”才被使用（必须注意跟“敢不……”“况且……”“不是……”“还……”等之间的呼应现象）。文章还进而推测，这种情况或许因为“吗”的元音[a]跟“么”的元音[e]不同，前者是强元音，后者是稍弱些的元音。香坂顺一还将其归因于“俗文用俗的表现”这种意识所起的作用。

---

① 参见[日]香坂顺一：《白话语汇研究》，江蓝生、白维国译，北京：中华书局1997年版，第36～38页。

陈妹金也统计了《红楼梦》第 1～40、81～120 回共计 60 余万字的语料，发现《红楼梦》前 80 回没有“吗”问句，只有“么”问句；后 40 回出现了“吗”问句，共有 71 句，其中假性“吗”问句是真性“吗”问句的 6 倍，占绝对优势。陈妹金还从历时的角度进行了考察，认为“吗”的产生晚于“么”，“吗”问句从一开始就以假性问句的形式占绝对优势。①

与此同时，我们也调查了“么”用法的历史变化。据孙锡信的研究成果，“么”在唐五代产生后，表现出比“无”强得多的生命力，它所表示的语气很快就不限于征求对方认可的是非问句。经过五代、宋、元时期的广泛运用，“么”还有了表示推测、反诘、句中停顿、感叹等用途。② 也就是说，“么”一开始只用于真性询问，后来随着时代的发展，“么”的用法逐渐扩大到疑问句中表推测和反诘的假性问以及陈述句中的表停顿和感叹。我们考察了《老乞大》《朴通事》《金瓶梅》(前 40 回)、《醒世姻缘传》(前 40 回)以及《聊斋俚曲集》中“么”的使用情况，结果发现，在这些作品中，“么”表真性问与表假性问的比例呈现出很大的差异:《老乞大》《朴通事》中二者的比例是 6∶1,《金瓶梅》(前 40 回)中二者之比是 1∶3,《醒世姻缘传》(前 40 回)中二者之比是 1∶7,《聊斋俚曲集》中二者之比是 1∶4。另外，据陈妹金对《红楼梦》篇 1～40、81～120 回的统计，《红楼梦》前 40 回“么”问句仅得 28 句，并以真性问居多，真性问与假性问之比是 1.7∶1.1；第 81～120 回“么”问句数量激增，共有 223 句，其中真性问与假性问之比为1∶1.4。综合《红楼梦》前后 80 回“么”问句的用法，真性问与假性问二者之比约为1.1∶1.4。由此看来，“么”从唐五代产生后，逐渐经历了一个从表真性问为主到表假性问为主，再到真假问比例持平的发展过程。而它从表假性问为主发展到真假问比例持平的这一历史

① 参见陈妹金:《北京话疑问语气词的分布、功能及成因》,《中国语文》1995 年第 1 期。

② 参见孙锡信:《近代汉语语气词》,第 103～105 页。

阶段(即从明代中期到清代前中期),正是“吗”问句由表假性问发展到真假问皆表的历史时期。因此,在某种程度上,我们可以说,“吗”问句在产生之初,与“么”的语义、功能并非完全等同。它所承接的只是“么”的部分语义、功能,具有替代“么”问句的表假性问的语法功能的作用。

第二章　聊斋俚曲中的正反问句

在汉语疑问句中，正反问句，又叫"反复问句"，是极具特色的一类句式。所谓正反问句，就是使用肯定和否定叠合的方式进行提问，希望对方从肯定和否定的内容中作出选择的疑问句。我们在《聊斋俚曲集》中调查到的正反问句共92例[①]，其主要格式有三种："VP不曾"式、"VP不VP"式、"VP没VP"式。其中，第1式和第3式主要着眼于动作的过去时态，都是询问某行为某动作是否已经完成；第2式则主要着眼于动作的现在和将来时态，询问未知和未实现的情况。其他形式的正反问句仅有1例：

(1)(张龙、李虎)拱手问道："你见着张老爷否?"(《聊斋俚曲集·磨难曲》)

这种正反问句从先秦两汉开始使用，如：

(2)卫候使祝鮀私于苌弘曰："闻诸道路，不知信否?"(《左传·定公四年》)

(3)丞相可得见否?(《史记·秦始皇本纪》)

在明清山东方言中，这种结构的正反问句所占的比重已经很少，《金瓶梅》中所见极少，《醒世姻缘传》中也只出现8次。[②] 如：

---

① 蒲松龄：《蒲松龄集》，路大荒整理，上海：上海古籍出版社1986年版。引文中的《蓬莱宴》《翻魇殃》《快曲》《富贵神仙》《寒森曲》《禳妒咒》《增补幸云曲》《磨难曲》《墙头记》《慈悲曲》《姑妇曲》皆出自该《蒲松龄集》中的《聊斋俚曲集》。

② 文中所引《新刻绣像批评金瓶梅》(以下简称《金瓶梅》)，据齐鲁书社1989年版；引《醒世姻缘传》，据齐鲁书社1980年版。

(4)西门庆道:"命中还有败否?"神仙道:"年赶着月,月赶着日,实难矣。"(《金瓶梅》第二十九回)

(5)晁老道:"不知敢借重否?"陆给谏道:"待我探他一探,再去回报。"(《醒世姻缘传》第十六回)

以上用例大部分出自官员、尊者、僧道之口,是用于书面交际或者比较庄重的社交场合的言语应酬。而发展到聊斋俚曲的创作时代,"VP否"句式使用更少,《聊斋俚曲集》中仅见上举1例。由此可见,这种正反问句带有很浓厚的文言色彩,在日常交际中已经不再常用。因此,本文主要对"VP不曾"式、"VP不VP"式、"VP没VP"式三种正反问句格式加以讨论。

一、"VP不曾"式

《聊斋俚曲集》中属于此种句式的句子共11例,约占全书正反问句总数的12%,其中10例出现在直接引用的对白中,1例出现于作者的叙述里。如:

(1)吕祖便问娘娘:"园内蟠桃开了花不曾?"(《聊斋俚曲集·蓬莱宴》)

(2)大姐住下,内外俱是他管。买了两个盒礼,找人去看姜娘子好了不曾。(《聊斋俚曲集·翻魇殃》)

(3)大姐拉姜娘子说:"……咱去看看,开开您那门,少了甚么不曾。"(《聊斋俚曲集·翻魇殃》)

(4)(高公、高母上):"……轿马可曾齐备不曾?"(《聊斋俚曲集·禳妒咒》)

(5)公子云:"上寿酒席完备不曾?"(《聊斋俚曲集·禳妒咒》)

(6)兵卒问道:"见代箭的一支鹿儿不曾?"(《聊斋俚曲集·磨难曲》)

由于"VP不曾"式的正反问句都是询问某行为、某动作是否已经完成,所以这一格式在动词或动词短语(VP)前后多有表示动作已然的形式标志。在《聊斋俚曲集》11例"VP不曾"式中,具体情况如下:

第一，动词后带表完成态的助词“了”，这种情况最多，有 8 例，如例(1)至例(3)。

第二，动词后虽无助词“了”，但动词前面有表过去意义的副词“曾”，如例(4)。

第三，动词前后虽然没有表示依然的形式标志，但动词本身的意义就有动作完成的意思，如例(5)、例(6)中的“完备”和“见”。

据傅惠钧考察，“VP 不曾”源于选择问的省略，最早见于宋代文献，但那时用例极少，《近代汉语语法资料汇编·宋代卷》43 万字中仅见 1 例[①]，即：

(7)何不试思，自家为人谋时，亦曾尽不曾？(《朱子语类》卷二一)。

元代这种用法略增，但仍不多见。明初大体保持了这一状况，《老乞大》《朴通事》中可见 9 例，《水浒传》中仅占正反问的 4%。而到了明代中期，“VP 不曾”这一格式广泛使用开来。据刘镜芙、罗福腾考察，反映明代口语的《金瓶梅词话》中，“VP 不曾”共 88 例，占总数的 34.8%；[②]《醒世姻缘传》中共有 69 例，占全书正反问句的 41.3%。[③] 而在《聊斋俚曲集》中，“VP 不曾”式共出现 11 例，大约占 12%。但到了清代中期以后，这一格式逐渐减少，在《红楼梦》中已不多见，仅占 3%。到了今天，现代山东方言中已经见不到用“VP 不曾”式来表示疑问的用法了。

“VP 不曾”式日趋减少并最终走向衰落，李焱经过分析认为，表

① 参见傅惠钧：《明清汉语正反问句的分布及其发展》，《古汉语研究》2004 年第 2 期。我们穷检《近代汉语语法资料汇编·宋代卷》，在《简帖和尚》中又发现了另外两例：“山前行问道：‘你曾杀人也不曾？’(山前行)又问：‘曾放火不曾？’”

② 参见刘镜芙：《〈金瓶梅词话〉中的选择问句》，《中国语文》1994 年第 6 期。罗福腾：《〈醒世姻缘传〉的反复问句》，《语文研究》1995 年第 1 期。据我们对《金瓶梅》的考察，“VP 不曾”式共有 61 例，约占总数的 37.2%。

③ 在《醒世姻缘传》中，我们所搜索到的“VP 不曾”式共有 60 例，约占全书正反问句的 40%。罗福腾的考察结论反映的是这种句式在《醒世姻缘传》中的使用高于当时及前后不同时期作品的使用情况。

示已然的体标记“了”“过”对“曾”的排斥作用是造成这一现象的主要原因。[①] 他对“VP不曾”式考察后认定，“VP不曾”式实际上存在两种形式——“曾VP不曾”和“VP不曾”，当正反问句的肯定部分出现“了”时，只有“VP不曾”一种形式，而不存在“曾(了)VP不曾”形式，从而断定体标记“了”对“曾”似乎有一种排斥作用。他引用石毓智、李讷2000年的研究成果，认为已然体标记“过”与“曾”之间较难共存的原因有三：一是二者表义功能相同；二是体标记“过”的用法更广，可以表示在时间上先后发生的两个或多个行为，这里就不宜用“曾”；三是“过”并不仅限于表示过去，还可以指未发生的行为动作，这是“曾”所没有的用法。因此，已然的体标记“了”“过”对“曾”的排斥作用使“曾”的活动空间日趋减少，而作为对“曾”的否定的“不曾”，其命运也就可想而知了。

事实上，就我们对《金瓶梅》《醒世姻缘传》和《聊斋俚曲集》的调查来看，“了”“过”与“曾”共存的现象不乏其例。用于非正反问句中的例子如：

(8)哎！我也曾挣过银子，早知道真么中用，怎么不藏下几两？(《聊斋俚曲集·似乎墙头记》)

(9)拜哥嫂，十年不曾错待了，说不尽哥嫂恩，忘不了犬马报。(《聊斋俚曲集·慈悲曲》)

(10)不说他老痛极，却说张讷死了，那魂灵不曾忘了他兄弟，一心要找着合他相会。(《聊斋俚曲集·慈悲曲》)

(11)张讷说：“敝族原是山东人，先祖曾做过浙江布政司。”(《聊斋俚曲集·慈悲曲》)

用于正反问句中的例子如：

(12)令尊在日，曾赐过蟒玉不曾？(《醒世姻缘传》第十八回)

(13)童奶奶又合他说了前后的话；又问说：“你那家子曾收用过了不曾？”(《醒世姻缘传》第五十五回)

---

① 参见李焱：《〈醒世姻缘传〉正反疑问句研究》，《古汉语研究》2003年第3期。

(14)就来问:“曾受了那人家插定不曾?”(《金瓶梅》第七回)

由此看来,李焱对“了”“过”与“曾”之间关系的分析是值得商榷的。我们认为“了”“过”与“曾”较少在同一句中出现,根本原因也许是李焱所列原因之一,即二者都用于过去时态,表义功能相同。在这种情况下,从语言的经济原则出发,二者只需其一即可,而后这种形式逐渐发展为这种句式的常态。但二者共用时,有加强和强调过去时态之意义。

我们认为,“VP不曾”式日趋减少并最终走向衰落,也许和语言的发展密切相关。每一时代都有自己特定的语言现象,“VP不曾”式在经历了宋代的产生、元代的发展、明代的兴盛之后,到了清代,逐渐走向衰亡,应该是汉语自然的历史演化过程。而且,从语言的经济原则来看,在“VP不曾”式的正反问句中,正项的内容完全可以由反项中的否定词来加以全部重复,所以“VP不曾”式反项中的“曾”就有可能渐渐地被省略掉。在清代,相较于口语性极强的“没(有)”和“不”,“曾”也许已经具有了一定的文言性,而这种文言与口语的区别,也应该是导致“VP不曾”式逐渐走向衰落的重要原因之一。

二、“VP没VP”式

(一)“VP没VP”的句式结构

《聊斋俚曲集》中“VP没VP”式正反选择疑问句共24例,占全书正反问句总数的26%。若从“没”后的成分是否完整来看,该句式可以分为以下三种:

一是完整式,即“VP没VP”式。此式中的“没”一般情况下多为否定副词,不具有动词含义。如:

(1)(二郎神)便回头问值日功曹:“不知他尸灵坏了没坏?”(《聊斋俚曲集·慈悲曲》)

(2)老孙,你去看看王宁睡了没睡了?(《聊斋俚曲集·禳妒咒》)

二是半省略式,即“VP没V”式。该句中“没”多与“有”呼应,兼有否定副词和动词的双重特征。如：

(3)(曹操)说："众将，你们都看看，我有头吭没有？"(《聊斋俚曲集·快曲》)

(4)(夫人)便说："你看看江城出产的这样的风流，这样的标致！有了婆婆家没有？"(《聊斋俚曲集·禳妒咒》)

(5)小举人说："俺爹爹就没说，改了名没改？"(《聊斋俚曲集·富贵神仙》)

三是省略式，即"VP 没"式。该结构中"没"一般情况下为否定副词，不具有动词意义。如：

(6)于氏说："珊瑚虽然强及如今的，只是可不如您那媳妇。不知他嫁了没？"(《聊斋俚曲集·姑妇曲》)

(7)张讷又问："你见俺兄弟来没？"(《聊斋俚曲集·慈悲曲》)

(8)太公云："咱儿没在家，不知他商量来没？"(《聊斋俚曲集·禳妒咒》)

(9)万岁说："你下楼去看看我那马，不知今夜喂他来没？"(《聊斋俚曲集·增补幸云曲》)

(10)二姐说："我问的是你家里动了荤了没？"(《聊斋俚曲集·增补幸云曲》)

(二)"VP 没 VP"式中的否定词

据傅惠钧考察："VP 没(有)VP"式中的否定词，《水浒传》《老乞大》中均作"没"；《金瓶梅》中"没有"31 例、"没"2 例；《醒世姻缘传》中"没有"22 例、"没"14 例；《红楼梦》中除 1 例"没"外，其余皆用"没有"。傅惠钧据此得出结论，早期白话多用"没"，明中叶后便主要用"没有"了；并进一步分析说，早期白话多用"没"，恐怕与"没"早于"没有"出现有关。[①] 否定义的"没"在唐时就已出现，如：

① 参见傅惠钧：《明清汉语正反问句的分布及其发展》，《古汉语研究》2004 年第 2 期。

(11)教遍宫娥唱遍词，暗中头白没人知。(唐·王建《宫词一百首》之八十三)

(12)谁道小郎抛小妇，船头一去没回期。(唐·白居易《浪淘沙》之四)

因而有可能较早用于正反问句。事实上，宋代文献中已能见到此类用例。如：

(13)宋四公道："二哥，几时有道路也没?"(《宋四公大闹禁魂张》)①

但用例较少。《老乞大》《朴通事》中则出现了数例该句式，如：

(14)你这店里草料都有啊没?(《老乞大》)

(15)有辘轳那没?(《老乞大》)

至于"没有"的出现，据太田辰夫估计"产生的时期可能是宋元之际"，但并没有找到确切的例子。② 傅惠钧认为"没有"之所以能取代"没"在正反问句句末的地位，原因也许是多方面的，但汉语词汇的双音化趋势应该是主要原因。③

据我们详细观察，就"VP 没 VP"一式中的否定词来看，《金瓶梅》中没有发现"没"；"没有"33 例，其中 23 例既为否定副词又为否定动词，10 例单独为否定副词。《醒世姻缘传》里"没"9 例，皆为否定副词；"没有"20 例，6 例为否定副词，14 例既为否定副词又为动词。而在《聊斋俚曲集》的 24 例"VP 没(有)VP"式中，"没"19 例，1 例"没"既为否定动词又为否定副词，即：

---

① 《宋四公大闹禁魂张》及《老乞大》《朴通事》中的例子均出自《近代汉语语法资料汇编·宋代卷》和《近代汉语语法资料汇编·元明代卷》。对于傅惠钧将《宋四公大闹禁魂张》中的"没"看作"没"用于正反问句的最早用例，我们持有异议。因为我们遍检了《近代汉语语法资料汇编·宋代卷》，只发现了这一孤例，而这篇小说的来源则是摘自明人编纂的《古今小说》，所以对于语料的真实性，我们有所怀疑。

② 参见[日]太田辰夫：《中国语历史文法》，蒋绍愚、徐昌华译，北京：北京大学出版社 2003 年版，第 278 页。

③ 参见傅惠钧：《明清汉语正反问句的分布及其发展》，《古汉语研究》2004 年第 2 期。

(16)张讷只一跳,我看是有天没?(《聊斋俚曲集·慈悲曲》)

其余18例皆为否定副词;“没有”5例,皆为否定副词和动词的结合。《红楼梦》中除1例单独作否定副词的“没”外,其余皆为“没有”。这说明“没”单独作为否定副词的功能逐渐凸显出来,而且最终极少具有否定动词的含义。而这时,“没有”既为否定副词又为否定动词的功能却得到了加强。在这种情况下,“没”在“VP没(有)VP”式中的出现势必受到限制。也许,这种语法功能的分离也是最终导致“VP没VP”式中“没”逐渐为“没有”所代替的原因之一。

当然,这是就汉语发展中的一般情况而言的。从我们对《金瓶梅》《醒世姻缘传》《聊斋俚曲集》等具有山东方言背景作品的数量统计来看,由《金瓶梅》中的0例,到《醒世姻缘传》的9例(约占31%),再到《聊斋俚曲集》中的19例(约占80%),“没”作为否定词在正反问句的“VP没(有)VP”式中所占的比例呈现出逐渐上升的趋势。据我们调查,即使在今天山东方言中,用“VP没”表示已然体仍旧是一种分布十分广泛的语法格式。这说明山东方言中较多地保留了元代白话中的语言现象。

三、“VP不VP”式

(一)“VP不VP”的句式结构

在《聊斋俚曲集》中,“VP不VP”的句式共56例,约占全书正反问句的60%。根据否定词“不”后面的成分是否完整,可分为两种情况:

一是完整式,即“VP不VP”式,其中“VP”既可以是动词性的,也可以是形容词性的,共53例。举例如下:

(1)看我不去五日内,着你表里一崭新,看比这个俊不俊?(《聊斋俚曲集·墙头记》)

(2)何大娘:“我说还不为凭,您这众人们都不要昧心,您说他好不好?”(《聊斋俚曲集·姑妇曲》)

(3)江城云:"我要做个嫖客,合你犯个嫁娶,不知你肯那不肯?"(《聊斋俚曲集·禳妒咒》)

(4)六哥急忙走下楼来,叫一声:"掌柜的,楼上客吃了足色好酒,又要吃那足顶好菜哩。咱给他吃不给他吃?"(《聊斋俚曲集·增补幸云曲》)

当"VP"成分包含着对"能够""可以"或"允许"实现的状态的询问时,往往变为"VP 不 VP"的句式。如:

(5)二相公说:"抬他来当堂验伤,看解的解不的?"(《聊斋俚曲集·寒森曲》)

(6)姐道:"又来了。我且问你:你这丝弦教的教不的?"(《聊斋俚曲集·增补幸云曲》)

(7)万岁说:"你先吹吹我看,换过了换不过呢?"(《聊斋俚曲集·增补幸云曲》)

二是省略式,即"VP 不(V)"式。句中的"VP"一般是动宾短语或偏正短语,但副词"不"后只保留了前一部分"V"或"不"后的成分完全省略掉。如:

(8)江城云:"你坐下,我问问你,会下棋呀不会?"(《聊斋俚曲集·禳妒咒》)

(9)江城云:"你会打双陆呀不会?"(《聊斋俚曲集·禳妒咒》)

(10)娘子下笔好似雨打败叶,风卷残云,一霎时写了一篇,递于相公说:"你看看支的不?"(《聊斋俚曲集·蓬莱宴》)

对于这一结构,朱德熙曾列举云梦睡虎地秦简的材料,说明这种句式在上古汉语中就已经使用①,如:

(11)迁者妻当包不包?

(12)甲贼伤人,吏论以为斗伤人。吏当论不当?

这种句式在中土文献中突然失去踪迹,朱德熙认为这是当时某

① 参见朱德熙:《"V-neg-Vo"与"Vo-neg-V"两种反复问句在汉语方言里的分布》,《中国语文》1991 年第 5 期。

种方言的反映。而他在《汉语方言里的两种反复问句》中指出，“VP 不 VP”在唐诗、敦煌变文和禅宗语录中已较常见。[①] 如：

(13)春草年年绿，王孙归不归？（唐·王维《送别》）

(14)宣城太守知不知？一丈毯，千两丝。（唐·白居易《红线毯》）

(15)善惠却问僧众：“大雪山南面，有一梵志婆罗门僧，教学八万个徒弟，曾闻不闻？”(《敦煌变文集》)

(16)师上堂云：“真实离言说，文字别时行。诸上座在教不在教？”(《祖堂集》)

早时的“VP 不 VP”式中，“VP”一般只为动词性的（包括动词和动宾结构）。据李思明考察，敦煌变文中只有动词重复；《话本选》《新校元刊杂剧三十种》《元人杂剧选》中，动词可以重复，动宾也可以重复；《水浒传》中只有动词可以重复。[②] 而到了明清时期，在这种正反疑问选择句中充当 VP 的形容词和形容词性短语的数量明显增多，音节也有加长的趋势。据傅惠钧考察，《金瓶梅》50 例省略式中，VP 三音节以上的有 29 例，最长达 9 个音节。[③]《醒世姻缘传》的 VP 音节也有明显加长的现象。《聊斋俚曲集》中的 VP 以单音节的动词和形容词居多，三音节以上的例子较少，但这并不能说明音节加长这一趋势的减弱，因为聊斋俚曲的谣曲体裁、便于声觉欣赏的性质，决定了其句子必须简短、明了，这就使得其句子的音节不可能太长，所以明清时期 VP 音节加长的趋势并不能在《聊斋俚曲集》中得到充分的体现。但《儿女英雄传》20 例略式中，19 例三音节以上的 VP 且最长达 18 个音节的现象，足以说明这一趋势在明清时期的长足发展。

---

① 参见朱德熙：《汉语方言里的两种反复问句》，《中国语文》1985 年第 1 期。

② 参见李思明：《从变文、元杂剧、〈水浒传〉、〈红楼梦〉看选择问句的发展》，《语言研究》1983 年第 2 期。

③ 参见傅惠钧：《明清汉语正反问句的分布及其发展》，《古汉语研究》2004 年第 2 期。

（二）"VP 不 VP"式中的动补结构

在"VP 不 VP"这一格式中，动补结构充当 VP 的现象引起了许多学者的关注。这一结构的特点是，否定词不出现在后项 VP 之前，而出现在中间。傅惠钧考察说，这类表"可能、可以、允许"的"动＋得＋(补)"的结构宋时已见使用，《古尊宿语录》中就有用例，但直到明代还不多见。[①]《老乞大》《朴通事》两书出现在正反问句中仅见 2 例，如：

(17)省的那省不的？（《老乞大》）

(18)你这月尽头到的北京么到不得？（《老乞大》）

《金瓶梅》中仅见 4 例。据李焱考察，《醒世姻缘传》中也有动补结构的正反问句形式[②]，如：

(19)虽然才满月的孩子，怎便晓得后来养得大养不大？（《醒世姻缘传》第二十一回）

在《聊斋俚曲集》里，动补结构的正反问句有 3 例，如下文例(40)、(41)、(42)。其中例(42)较为特殊，它并非傅惠钧所说的前项 VP 总是带有表示"可能、可以或允许"的助词"得"的"动＋得＋(补)"结构，而是以"动＋补＋动＋不＋补"的形式出现。但这里的"换过了换不过"只是一种特殊的可能式，它与"换得过换不过"的表义功能相同。这也许只是山东方言中的可能式在书面作品中的反映。

（三）"VP 不 VP"式中的"好不好"问句

"VP 不 VP"式中"好不好"问句值得关注。如：

(20)可看珊瑚，他好不好？（《聊斋俚曲集·姑妇曲》）

---

① 参见傅惠钧：《明清汉语正反问句的分布及其发展》，《古汉语研究》2004 年第 2 期。

② 参见李焱：《〈醒世姻缘传〉正反疑问句研究》，《古汉语研究》2003 年第 3 期。

(21)大娘:“我说还不为凭,您这众人们都不要昧心,您说他好不好?”(《聊斋俚曲集·姑妇曲》)

(22)皇爷说:“……我写个帖子给你,拿去给他,量他几石粮食来给你娘们吃,好呀不好?”(《聊斋俚曲集·增补幸云曲》)

(23)王舍说:“……哄他几两银子,咱好花费花费,好不好?”(《聊斋俚曲集·增补幸云曲》)

在这4例中,前两例和后两例在用法上有明显的区别。据傅惠钧对《金瓶梅》中相似例句的分析来看[①],在结构上,前两例“好不好”在句中充当谓语,是句子的基本构成成分,构成疑问焦点,不能删去;而后两例则是在陈述句的基础上加上“好不好”,构成疑问句,删除“好不好”不影响句子的完整性,但意思稍有变化。在语义上,前两例的“好”是“好坏之好”,而后两例的“好不好”相当于“行不行”,表示对对方的征询。

(四)“VP不VP”式中的语气助词“也”“呀”“那”

在《聊斋俚曲集》的“VP不VP”疑问句式中,否定副词“不”前有时带有语气助词“也”“呀”“那”,即构成了“VP也不(VP)”“VP呀不(VP)”“VP那不(VP)”三个分式。其中,“VP也不(VP)”和“VP呀不(VP)”的联系最为紧密。据吴福祥考证,“VP呀不(VP)”的起源可以追溯到先秦。[②] 其最初的形式是“VP与不”,这里的“与”仍旧是一个连词,后来“与”进一步虚化为语气词,被其借音字“以”“已”代替。李思明考察元杂剧后认定,在宋元时期,“以”“已”基本上已经消失,因为这一时期“也”已经可以放在“不”的前面,但是尚未形成“VP

① 参见傅惠钧:《明清汉语正反问句的分布及其发展》,《古汉语研究》2004年第2期。

② 参见吴福祥:《从“VP-neg”式反复问句的分化谈语气词“么”的产生》,《中国语文》1997年第1期。

也不”格式。[①] 而到《水浒全传》中，该格式已经存在。至于“VP 呀不(VP)”格式中的“呀”，孙锡信认为其前身是“也”，并且作为语气词的“也”在宋代还保留着[ia]音，且由宋词用韵可以加以证明。[②] 引例为蔡京《西江月》：

(24)玉殿五回命相，彤庭几度宣麻，只因贪恋荣华，便有如今事也。

孙锡信还进一步考证说，金元时期的“也”根据音变规律读为车辙韵，但是“也”字古音在口语中保留下来，并且改换了字形，有的就用“呀”代替，如：

(25)我为甚闹喧哗，累得你猛惊呀。(《盆儿鬼》第一折)

因此，近代汉语中“VP 呀不(VP)”应为“VP 也不(VP)”的替换。

对于语气词“那”，曹广顺有着详细的考证。[③] 他认为语气助词“那”可能产生于魏晋前后，从魏晋到唐宋，“那”基本上只用于是非问句、反诘问句；元代到明初，“那”发生了许多变化，它除用于是非问句、反诘问句之外，开始用于特指问句、选择问句。例如：

(26)去年您和省官人每商量来的勾当，行了来那不曾？(《元典章》卷六)

(27)这言语是实那？是虚？(《元典章》卷二十四)

(28)如今各路打捕户每问将来：俺弓箭合把那？不合把？(《元典章》卷三十五)

(29)上宿者五十人，杀太守二十余人，灯下走脱者，须认得是刘备那？不是刘备？(《三国志平话》卷上)

(30)大哥，这是冬天那？春天？(《元刊杂剧三十种·汗衫记》)

明代以后，“那”走向了衰亡。这个时期不同地域的文献中“那”

---

① 参见李思明：《从变文、元杂剧、〈水浒传〉、〈红楼梦〉看选择问句的发展》，《语言研究》1983 年第 2 期。

② 参见孙锡信：《近代汉语语气词》，北京：语文出版社 1999 年版，第 100 页。

③ 参见曹广顺：《近代汉语助词》，北京：语文出版社 1995 年版，第 160～170 页。

的使用情况有所不同。在受北方元白话影响较大的会话书《老乞大》《朴通事》里，“那”还继续使用，其中用于选择疑问句的句式，如：

(31)客人，你要南京的那？杭州的那？苏州的那？(《老乞大》)

(32)你这马是一个主儿的那？是各自己的？(《老乞大》)

(33)客人们，你打火那不打火？(《老乞大》)

用于反诘疑问句的例子，如：

(34)这个客人，你说什么话？不买时害风那，做什么来这里商量？(《老乞大》)

(35)这车子折了车网子，辐条将来，可惜了，咱们后头不修理那。(《老乞大》)

(36)这般收拾得整齐时不好那？(《朴通事》)

曹广顺还考证，在同期受南方方言影响的文献，如《水浒传》以及以后的白话小说《西游记》《金瓶梅词话》《儒林外史》《红楼梦》等作品中，均未见到“那”用于各种疑问句的现象。[1] 据我们考察，稍早于《聊斋俚曲集》的《醒世姻缘传》中也没有见到“那”用于疑问句的句式。但在《聊斋俚曲集》中，出现了数例“那”(有时也写作“哪”)用于疑问句中的例子。其中，“那”用于正反问句的句子是：

(37)大婶子说，问问周二叔合大姑父，还敢那不敢？(《聊斋俚曲集·禳妒咒》)

(38)江城云：“我要做个嫖客，合你犯个嫁娶，不知你肯那不肯？”(《聊斋俚曲集·禳妒咒》)

“那”用于反诘疑问句的例子，如：

(39)天民说：“混账物诮嗄哩！谁说你的不俊来？不俊着就怕的那！”(《聊斋俚曲集·禳妒咒》)

(40)我想翁婆年纪高上，生了一个儿子，娶了一个媳妇，倒躲的远远的……这怎称的是个人哪！(《聊斋俚曲集·禳妒咒》)

很明显，这是山东方言受北方元白话影响的结果。钱曾怡指出，

---

① 参见曹广顺：《近代汉语助词》，北京：语文出版社1995年版，第169页。

金元时期,“在山东方言发展史(以及北方汉语发展史)上具有重要意义的一项史实是金元对山东地区的长达近两个半世纪(1127～1367年)的异族统治。在金朝统治的北方广大区域中,山东是金人较早设立行政机构的地区之一。女真贵族为了加强对汉族人民的统治,将大批猛安谋可编制的女真人迁入山东地区,与当地汉人杂居”,虽然“目前还没有确凿的材料证明这时期女真人对山东的统治对方言有何具体影响,但金元时期北方汉语曾发生了较大的变化则是一个明显的事实”。① 也许,《聊斋俚曲集》中“那”作为语气助词出现在疑问句中,可以看作金元统治对山东方言影响的一个例证。

据罗福腾考察,现在山东鲁中、鲁北地区在表示未然体的反复问句时,多采用“VP＋M＋不”的格式,即动词或形容词后与“不”之间有一个含糊的语气词。历城、淄川等地听起来是[·a],常写作“啊”;寿光、博山、利津等地听起来是[·ə],多写作“呃”。德州、临清等地听起来是VP末音节韵母拖长的音。② 其中,“吧”与“啵”分别是否定词“不”在历城和寿光地区的读音书写形式。举例如下:

(41)历城(鲁中)热啊吧?/害怕啊吧?/笔是你的啊吧?

(42)寿光(鲁中)你去呃啵?/这个人老实呃啵?/你买这本书呃啵?

淄川正是聊斋俚曲的方言代表地,而历城、寿光、博山等地又与淄川相距甚近,所以我们怀疑,这些地区“VP＋M＋不”格式中的含糊语气词也许是《聊斋俚曲集》中语气助词“那”和“呀”“也”进一步音变的结果。

---

① 参见钱曾怡:《山东方言研究》,济南:齐鲁书社2001年版,第438页。

② 参见罗福腾:《山东方言里的反复问句》,《方言》1996年第3期。

第三章　聊斋俚曲中的选择问句

选择问句，又称“抉择问句”，是指把两种或两种以上的情况列出，要求对方从中选择一项（或几项）予以回答的一种疑问句。吕叔湘将其定义为：“叠用两个互相补充的是非问句，询问对方孰是孰非，就成为抉择问句。”[①]选择问句在上古汉语里就是一种常见的疑问句式。吕叔湘认为“文言里的抉择是非问句差不多必用语气词，并且多数是上下都用”[②]。冯春田认为“此外又有两种情况，一是有的分句之间不用关系词。二是有的则在后一个分句句首用关系词”[③]。所举例句摘录如下：

(1)滕，小国也，间于齐楚。事齐乎，事楚乎？（《孟子·梁惠王下》）

(2)仲子所居之室，伯夷之所筑与？抑亦盗跖之所筑与？（《孟子·滕文公下》）

(3)不知周之梦为蝴蝶与？蝴蝶之梦为周与？（《庄子·齐物论》）

(4)岂吾相不当侯邪？且固命也？（《史记·李将军传》）

但他随后又发现，“70年代出土的云梦睡虎地秦墓竹简简文的情况与传世古籍有所不同。在秦简里，只用语气词而不用关系词连

① 吕叔湘：《吕叔湘文集》第1卷，第284页。
② 吕叔湘：《吕叔湘文集》第1卷，第284页。
③ 冯春田：《近代汉语语法研究》，济南：山东教育出版社2000年版，第694页。

络的选择问句未见其例，而是均由关系词'且'连络，并且句末一般又不用语气词”。对于这一现象，他参考朱德熙[1]的见解，认为这可能是由语法上的文献或地域差异造成的。[2]

汉语发展到近代，选择问句的基本句式并没有发生变化，但语气词和关系词的使用同古代汉语相差迥异。因此，我们对选择问句的研究，主要侧重于语气词和关系词的考察。

《聊斋俚曲集》中的选择问句使用不多，共有27例。按照并列的两项(或几项)是否有形式标志及形式标志的不同，可将《聊斋俚曲集》中的选择问句细分为以下几个小类：

一、前后两项均无形式标志的选择问句

前后两项均无形式标志的选择问句共有5例。如：

(1)银匠哈哈大笑说：“二位待要银子？甚么银子？桃仁子？杏仁子？”(《聊斋俚曲集·墙头记》)

(2)石庵说：“小长命子，我问你：昨日这打，比着江城谁轻谁重？”(《聊斋俚曲集·禳妒咒》)

(3)张春还指着骂道：“看着邻里说人情，放了这科子逃了生。不然还要着实打，我看打的疼来骂的疼？骂的疼，就上城，有的是我张大清。”(《聊斋俚曲集·磨难曲》)

(4)(施华)把个竹夫人丢在地下，问：“你在前边在后边？”(《聊斋俚曲集·磨难曲》)

据武振玉对《五灯会元》中的选择问句的考察，该种形式的选择问句在《五灯会元》中最为常见，前10卷中约有64例，大约占65%。另外，我们分别考察了《金瓶梅》(前50回)和《醒世姻缘传》(前50回)，发现该种句式在《金瓶梅》中约占46%，而在《醒世姻缘传》中没

---

① 朱德熙：《“V-neg-Vo”与“Vo-neg-V”两种反复问句在汉语方言里的分布》，《中国语文》1991年第5期。

② 冯春田：《近代汉语语法研究》，第695～696页。

有发现前后两项均无形式标志的选择问句。就《聊斋俚曲集》中的情况来看，该句式约为 20%。而到了《红楼梦》中，该种句式的比重只占 18%。[①] 由此看来，不用形式标志的选择问句的发展趋势是由多到少。到今天，已经很少不用形式标志了。刘子瑜认为，“这类选择问句各选择项间的对称性较强，从语义上讲，各项之间是对立关系；从疑问点的地位看，选择项充当了整个谓语部分，谓语部分起了充当疑问点的作用。但此类句子形式简单，对称性强，语义表达上有所限制，表达不了复杂的选择问语义内容”[②]。这大概是该类选择问句的发展受到限制的主要原因。

二、单独在句尾用语气词的选择问句

《聊斋俚曲集》中的选择问句单独带有句尾语气词的用法，共 2 例。即：

(1)果然孩子满月了，忽然一日穿上裙子，对张炳之说：“孩子睡着些，我待去找小讷子来的哩。”张炳之说：“也着个人跟了你去呀。”李氏说：“有狼哇？有虎哇？”(《聊斋俚曲集·慈悲曲》)

(2)二姐说道：“姐夫，你怎么一条汉子，还害怕么？有狼哩？有虎哩？”(《聊斋俚曲集·增补幸云曲》)

据冯春田考察，“到近代汉语里，特别是唐至元这一时期，体现口语的选择问句逐渐趋于不用语气词”。并进一步解释说，“近代汉语选择问句以不用句末语气词为常，其原因可能是古代汉语的句末语气词系统在近代汉语里已不适用，但唐至宋元时期新的、相应的语气词尚未普及；此外，大多数选择问句是或可以是‘是’字句，能够配合句子语气表达相应的疑问，或许也是因素之一”[③]。

---

① 参见李思明：《〈水浒全传〉的反问句》，《安庆师范学院学报》1989 年第 3 期。

② 刘子瑜：《敦煌变文中的选择疑问句式》，《古汉语研究》1994 年第 4 期。选择问句各选择项之间，从形式上讲，是有着较强的对称性；但从语义上看，各项之间并不总是具有对立性，如例(1)(3)。

③ 参见冯春田：《近代汉语语法研究》，第 696～698 页。

我们比较了《敦煌变文集》《五灯会元》《水浒传》《金瓶梅》(前 50 回)、《醒世姻缘传》(前 50 回)、《聊斋俚曲集》《红楼梦》中选择问句中语气词的使用情况后发现,《敦煌变文集》中单独在句末用语气词的选择问句有 2 例,没有语气词与选择连词并用的例句,且语气词只有 1 个"邪"。《五灯会元》中也只有语气词"邪",它仅单独出现在选择问句的句尾,不和选择连词连用,用例有 7 个。《水浒传》的选择问句中没有发现疑问语气词。《金瓶梅》(前 50 回)中也没有发现用于选择问句的语气词。《醒世姻缘传》(前 50 回)出现了 1 个语气词"哩",但它不单独出现在选择问句的句尾,而是和选择连词连用,且用例较少,仅有 2 例。但是到了《聊斋俚曲集》中,情况发生了很大的变化,出现于选择问句中的语气词有 6 个,即"那""呢""哩""哇""呀""也"。尽管单独在句尾用语气词的例句只有 2 例,但它们却和选择连词广泛地结合起来,用例达到 10 例之多,两者约占全书选择问句的 44%。出现在《红楼梦》选择问句中的语气词只有"呢",它必须和选择连词结合使用,并且不同时出现在两项或数项的句尾,而是仅仅出现在一项之后,且通常是出现在第二项的后面。①

出现在《敦煌变文集》《五灯会元》中的"邪"明显是一个文言语气词,由它构成的为数不多的选择问句应该源于上古汉语,这从一个侧面说明唐宋时期的选择问句正处于古代汉语向近代汉语的转型期。《水浒传》《金瓶梅》(前 50 回)的选择问句中没有发现疑问语气词,《醒世姻缘传》(前 50 回)中也仅出现了 2 例语气词"哩"与选择连词连用的句式,也许可以验证冯春田的观点,即"近代汉语选择问句以不用句末语气词为常"②。但是,为什么到了聊斋俚曲中,情况发生了如此大的变化呢? 我们认为,原因也许有二:一是聊斋俚曲的歌谣

---

① 与《敦煌变文集》《五灯会元》《水浒传》《红楼梦》有关的统计数据,分别参见刘子瑜:《敦煌变文中的选择疑问句式》,《古汉语研究》1994 年第 4 期;武振玉:《试析〈五灯会元〉中的是非问句与选择问句》,《长春大学学报》1998 年第 2 期;李思明:《〈水浒全传〉的反问句》,《安庆师范学院学报》1989 年第 3 期。

② 参见冯春田:《近代汉语语法研究》,第 698 页。

文体使其相对于其他文体更能体现出当时口语的实际，也更容易将人们话语中的语气传达出来，这从元杂剧中的句尾语气词多达20几个可以窥见一斑；二是聊斋俚曲正处于近代汉语向现代汉语的转型期，一方面新的、相应的语气词已经普及，所以能有多达6个的语气词出现在选择问句中，另一方面这一阶段的语气词正处于整合阶段，使用上很不规范，一个语气词往往可以表达多种语气，还没有实现表达功能的专职化。而到了《红楼梦》里，就只有“呢”出现在选择问句中，基本上和现代汉语选择问句中的语气词多用“呢”相一致。① 这也说明王力将《红楼梦》的语言定性为现代汉语，是有着充分的依据的。

三、在选择项句首用选择连词的选择问句

出现于《聊斋俚曲集》中的选择连词有“是……(可)是”，其出现的标准形式为前后两项(或几项)的句首均有选择连词，共有15例。如：

(1)我上边跪朝廷，下边跪父母，犯了罪跪问官。我今日犯的什么罪？我跪你是敬你的贪那，可是敬你的赃呢？(《聊斋俚曲集·磨难曲》)

(2)沈大姨说：“你仔说，您二姨这杀才是乜人么？真么一个媳妇，是模样不好呀？是脚手不好呢？是不孝顺？这杀才是待死呀？”(《聊斋俚曲集·姑妇曲》)

(3)公子上云：“连日江城与小生竟有了说笑，虽则是我去奉承着他么，到底也还奉承得过了。不知是念佛之力也，不知是举人之功也？妙哉！小生交了好运也！”(《聊斋俚曲集·禳妒咒》)②

---

① 一般认为现代汉语的选择问句后可以有语气词“呢”“啊”，不能有“吗”。

② 冯春田认为该例不很典型：“两个疑问项句首都有表示揣测的‘不知(是)’，而且两项句末都用语气词‘也’，句中都有助词‘之’，具有明显的仿古色彩。”(参见冯春田：《〈聊斋俚曲〉语法研究》，第329页)

(4)舜华说:“我那没良心的官人,你是爱在前头呀,是爱在后头呢?”(《聊斋俚曲集·富贵神仙》)

(5)逐日好像在地狱里串,雨下了脸上才知道阴天。走的紧照着墙角子使头揎。空每日说天可是青呀可是蓝?面前的田地是湿呀是干?(《聊斋俚曲集·磨难曲》)

有时候,为了简省,只在并列数项中的某一项或某两项前用上述选择连词。但在《聊斋俚曲集》中,这种用法的例子较少,共有5例。如:

(6)六哥说:“只怕你没有钱,你搬婊子,可是要省钱的,要费钱的?”(《聊斋俚曲集·增补幸云曲》)

(7)老头说:“你会刀呀,是耍枪?”(《聊斋俚曲集·增补幸云曲》)

(8)老婆子说:“俺从来不留人宿,谁知你是好人歹人?请行了吧!”(《聊斋俚曲集·磨难曲》)

(9)鸨儿说:“不着你,这东西是天上吊下来的,地中冒上来的,科枝上长的树上结的?”(《聊斋俚曲集·增补幸云曲》)

(10)六哥道:“俺家里既没有皇帝,你就不该来。你来要帐来呀,可是来探亲来呢,可是看朋友来呢?要帐俺又不该你哩;探亲呢,俺合您娼家有什么亲?若是看朋友,你是个丫头家,俺又没合你拜交,只怕你来看相厚的来。你又不接俺,俺又不嫖你,没要紧。既不接客又不去,待怎么样?”(《聊斋俚曲集·增补幸云曲》)

在近代汉语里,选择问句的关系词发生了很大变化。但冯春田考证后认定,这种变化在六朝时期已经发端。[①] 所引例句如下:

(11)不知乎为琼之别名,为别有伍乎也?(《三国志·魏志·董卓传》)

(12)为欲朕和亲,为欲不和?(《南齐书·宗室传》)

他还进一步解释说,例中的“为”也可能是起与近代汉语里同类句式中“是”字一样作用的词,连词的性质不很明显。同时指出,当时

① 参见冯春田:《近代汉语语法研究》,第698页。

“为复”“为当”之类起联络作用的词也开始出现。如：

(13)不知桓公德衰，为复后生可畏？(《世说新语·排调》)

(14)未知即是《通俗》，为当有异？(《颜氏家训·书证》)

“入唐以来，同类的句子大量出现，并且另有新的关系词‘为是’等形成”[①]，所举例句皆为佛经和变文中的用例。据刘子瑜对敦煌变文的考证来看，敦煌变文中的选择问句共有47例，而由选择连词“为”“为复”“为当”构成的选择问句有28例，约占60%。《五灯会元》中“为”“为复”“为当”“为是”构成的选择问句共有32例，所占比重不到20%。而在《水浒传》及其以后的白话作品中，就再也没有见到该类选择连词了。“为当”“为复”后代少见以致消失，却较为集中地出现在六朝及唐宋时期的佛经和变文这种宣讲佛教教义及民间故事的俗体文学中，所以刘子瑜“怀疑它们是与佛教习惯用语相关的词语或是当时并列选择问句中起连接作用的口语化俗体词”[②]。

同时，就武振玉对《五灯会元》的考察来看，在由“为”“为复”“为当”“为是”构成的选择问句逐渐消失的同时，由“是”或“是”字连词构成的选择问句开始大量出现。[③]《五灯会元》前10卷中该类句式出现了63例，是“为”“为复”“为当”式选择问句的2倍，约占选择问句的39%。《水浒传》中单用的连接词有“却”“却是”“也是”，连用的连接词有“却……却”“却是……却是”“或……也”“还是……只是”，其中含连词“是”构成的选择问句约占全书选择问句的42%。《金瓶梅》(前50回)中单用的连接词是“是、却是、却”，连用的连接词有“或者……或者”“是……是”，其中由“是”或“是”字连词构成的选择问句占到选择问句的46%。《醒世姻缘传》(前50回)中没有出现单用的连接词，连用的连接词有“是……是”“还是……还”“是……却是”“是

---

① 冯春田：《近代汉语语法研究》，第699页。

② 刘子瑜：《敦煌变文中的选择疑问句式》，《古汉语研究》1994年第4期。

③ 参见武振玉：《试析〈五灯会元〉中的是非问句与选择问句》，《长春大学学报》1998年第2期。

……是……还是”，其中都包含有一个“是”字。《聊斋俚曲集》中单用的连接词有“是”“可是”，连用的连接词“是……是”“可是……可是”“是……可是”，所有的连接词中都含有“是”字。到了《红楼梦》中，单用的连接词只有“还”，而连用的连接词中也必含有一个“是”字，这些连接词有“是……是”“是……还是”“还是……还是”“可是……还是”。由此可见，单用的连接词在逐渐减少，而连用的连接词同时在逐步增加，而且连接词在发展过程中渐渐集中到由“是”字构成的“是”“还是”“可是”等词语上。

下　篇
汉语问题散论

第一章　中古汉语中的否定副词研究

否定副词用于谓语之前，表示对动作行为、性质、状态或情况等的否定或禁止、劝诫。许多语法书中都将否定副词另立一类，单独探讨。不过，李瑛通过对能同“不”直接组合的词与不能同“不”直接组合的词的比较发现，凡语义中含有主观因素的词能够被“不”直接否定，那些表示不受主观因素影响的客观性行为、事物的词语不能用“不”否定，由此证明了“不”本身是一个表示主观否定或主动否定的副词。[①] 卢甲文(1983)、陈垂民(1988)、史锡尧(1995)等人对“不”与“没(有)”的比较研究也证实“不”否定一种动作活动时，表示了说话人的主观意志。[②] 而且，否定副词中表劝止的一类，更是明确反映出言者或作者对事情、性质、状态或动作行为的主观态度，清晰传递了一定的语气。因此，赵元任也曾经把表肯定语气的副词和否定副词划为一类，称之为“肯定否定副词”。[③] 吴福祥、高育花也都曾将否定副词归入语气副词的范围。[④]

否定副词的语法功能主要是修饰动词、动词性短语，表叙述否定的副词也可以修饰形容词和形容词性短语，对判断进行否定的副词

---

① 参见李瑛：《“不”的否定意义》，《语言教学与研究》1992 年第 2 期。

② 参见齐沪扬、张谊生等：《现代汉语虚词研究综述》，合肥：安徽教育出版社 2002 年版，第 122～125 页。

③ 参见赵元任：《汉语口语语法》，北京：商务印书馆 1997 年版，第 346 页。

④ 参见吴福祥：《敦煌变文语法研究》，长沙：岳麓书社 1996 年版，第 163 页；高育花：《中古汉语副词研究》，合肥：黄山书社 2007 年版，第 34 页。

还可以用于修饰名词、名词性短语和小句。否定副词一般都不能修饰数词或数量结构,语义指向单一,只指向谓语。语义上表示否定或劝止。

否定副词可以大体分为否定叙述、否定已然、否定判断以及禁止和劝阻等四类。

一、表示对叙述的否定

这类否定副词一般对动作行为或性质状态进行否定,同现代汉语中的"不"相当。有时,也可用在前有助动词的动词性短语之前,表示对可能性、必要性等的否定。该类副词通常用于陈述句和描写句,且所否定的谓语动词带不带宾语都是自由的,有时所否定的谓语动词也可以是不及物动词。该类副词大多承续于上古汉语,新生副词有"不复""不必""不须""不用"和"无复"等,但使用频率很低。该类代表性副词和现代汉语一致,就是"不"。

1.不(否)、不复

"不""不复"表示对动作行为或性质状态的否定,主要修饰动词、动词性短语以及形容词、形容词性短语。其中"不"是自上古以来使用最为广泛的表单纯否定的副词。略举两例:

(1)吾家世文章,甚为典正,不从流俗。(《颜氏家训·文章》)

(2)我是天神,乐卿此牛,若不与我,来月二十日,当杀尔儿。(《古小说钩沉·幽明录》)

"不"在这一时期有一个重要的发展变化,那就是它在"VP不"式疑问句句尾的虚化。

"不复"由"不"与词缀"复"构成,是中古汉语中新生的否定副词。与"不"相比,"不复"能够参与构成的句式极其有限,基本上出现在以下情况中:

一是"不复+动词/动词性短语"。

(3)如庸马与良马,相追衔尾,至暮,共列宿所,良马鸣食如故,庸马垂头不复食,何异颜渊与孔子优劣?(《全后汉文·桓谭〈祛蔽〉》)

(4)度此女婿必不复还其剑,当闻县官,县官或能证察,得以见伸展也。(《全后汉文·应劭〈风俗通义〉》)

(5)绍谓乔曰:"大司马何故不复迎客?"(《晋书·刘乔传》)

二是"不复+能愿动词+动宾结构"。

(6)何宴注《老子》未毕,见王弼自说注《老子》旨。何意多所短,不复得作声,但应诺诺。遂不复注,因作《道德论》。(《世说新语·文学》)

(7)臣以权兼暂出,出还便罢,不复得穷其事。而本曹据执,却问无已。(《全晋文·裴逸民〈陈刑法过当表〉》)

2. 不必、不须、不用$_1$

用来否定某种行为的实施或状态的发生的客观必要性,表示事理上或情理上不需要,可修饰动词性谓语和形容词性谓语。先看"不必"的用例:

(8)二君亦适人所为,不必相逼,若能积业更深,则成真人;功夫若怠,犹当不失此丞。(《周氏冥通记》卷二)

(9)若以理慎护,及至霜下叶干,子乃尽矣。但依此法,则不必别种早、晚及中三辈之瓜。(《齐民要术·种瓜》)

(10)少取生茱萸子和饭——取香而已,不必多,多则苦。(《齐民要术·作鱼鲊》)

(11)若能诚孝在心,仁惠为本,须达、流水,不必剃落须发。(《颜氏家训·归心》)

"不必"是由否定副词"不"与语气副词"必"经由语法结构重新分析形成的。中古汉语中还比较罕见,近现代汉语中得到了广泛运用。

"不须"的使用较为常见。如:

(12)汝等虽佳,才具不多,率胸怀与会语,便自无忧,不须极哀,会止便止。(《三国志·魏志·夏侯尚传》注引《魏略》)

(13)若作恶,祇自灭族耳。卿不须忧此,慎莫使人闻也。(《三国志·魏志·钟会传》)

(14)汝才十倍于闳,若不枭擒,不须复见我也。(《晋书·姚弋仲传》)

(15)至十八日临尽,起坐谓母曰:"罪尽福至,缘累永绝;愿母自割,不须忧念。"因七声大哭,声尽而绝。(《古小说钩沉·冥祥记》)

作副词的"不用"有两种用法:一是表示劝阻或禁止,相当于"不要";二是否定某种动作行为客观上的必要性。后者如:

(16)后月余,子训乃抱儿归焉。父母大恐,曰:"死生异路,虽思我儿,乞不用复见也。"(《后汉书·方术下·蓟子训传》)

(17)其所用心者裁之不二三,但令主者案官次而举之,不用精也。(《晋书·刘寔传》)

(18)作鱼酱法:鲤鱼、鲭鱼第一好;鳢鱼亦中。鲚鱼、鲐鱼即全作,不用切。(《齐民要术·作酱法第七十》)

(19)三日竟,开视,上当有紫光耀目,夜不用然灯,此即成矣。(《周氏冥通记》卷四)

副词"不用"是否定副词"不"与动词"用"固化的结果。"不用"在中古汉语中的使用也比较有限。

3.非$_1$

"非"表示单纯否定时,一般只能修饰助动词、动词及动词性短语。如:

(20)又诸所征试,皆私自发遣,非有伤费烦扰于事也。(《后汉书·朱浮传》)

(21)皆由为政不能节之,遂使非法之寺,防民稼穑。(《颜氏家训·归心》)

4.弗

一般表示对动作行为的否定,修饰动词或动词性短语。"弗"在口语中正在消亡或已经消亡(据我们调查,《搜神记》中"弗"仅有3例),只在书面语中偶有使用,应是一种仿古形式。如:

(22)以贵人有母仪之美,宜立为后,而固辞弗敢当,列于媵妾。(《后汉书·光烈阴皇后纪上》)

(23)二亲既没,所居斋寝,子与妇弗忍入焉。(《颜氏家训·风操》)

5.莫[1]

通常用于能愿动词之前,对动作行为加以否定。如:

(24)盖以明尊尊之义,而人莫敢卑其祖也。(《全晋文·王翼〈答刘系之问〉》)

(25)夫无者,诚万物之所资,圣人莫肯致言,而老子申之无已,何邪?(《世说新语·文学》)

6.叵

"叵"由"不可"合音而来,表示对某种可能性的否定。如:

(26)布目备曰:"大耳儿最叵信。"(《后汉书·吕布传》)

(27)遵谓维等曰:"卿诸人叵复信,皆贼也。"(《三国志·蜀志·姜维传》注引《魏略》)

7.未[1]

通常用于助动词之前,与其共同修饰动词或动词性短语。如:

(28)神仙之事,未可全诬;但性命在天,或难钟值。(《颜氏家训·养生》)

(29)明年,怀珍启求还,孝武答曰:"边维须才,未宜陈请。"(《南齐书·刘怀珍传》)

8.无、无复

"无"的基本意义是"没有",作副词时,可以表示一般否定。如:

(30)裴叔则被收,神气无变,举止自若。(《世说新语·雅量》)

(31)如此以学自损,不如无学也。(《颜氏家训·勉学》)

"无复"经由附加式构词法而来,义同"无",修饰动词或动词性短语。如:

(32)哀二亲早亡陨,兄弟并凋丧,孝敬无复施于家门,此臣之恨四也。(《晋书·段灼传》)

(33)计吾兄弟,不当仕进;但以门衰,骨肉单弱,五服之内,傍无一人,播越他乡,无复资荫。(《颜氏家训·终制》)

(34)今人生为皂隶,葬拟王侯,存没异途,无复节制,崇壮丘垅,盛饰祭仪,邻里相荣,称为至孝。(《魏书·临淮王谭传》)

“无”可出现在“VP-neg”式中，构成反复问句；也多出现于与“有”相对的语境中，动词义非常明显。如：

(35)无服之殇，以日易月，哭之于何处？有位无？(《全三国文·射慈〈丧服变除〉》)

(36)不知有功德与无也。(《世说新语·德行》)

(37)衍又问：“《易》曰太极，是有无？”业兴对：“所传太极是有，素不玄学，何敢辄酬。”(《魏书·儒林·李业兴传》)

(38)问曰：“天下为有为无？”答曰：“亦有亦无。”(《百喻经·引言》)

(39)海神变身作一夜叉，形体丑恶，其色青黑，口出长牙，头上火燃，来牵其船，问贾客曰：“世间可畏，有过我者无？”(《贤愚经·海神难问船人品》)

9. 毋$_1$

“毋”对一般叙述进行否定时，通常用于动词、助动词或形容词之前。如：

(40)夫与善人为怨，恶人为仇，欲毋亡，得乎？(《全后汉文·桓谭〈谴非〉》)

(41)吾已悉传付真法语于子，吾忧解矣；为天除咎，以敕至德，以兴王者。子毋敢绝，且蒙其害。(《太平经·案书明刑德法》)

10. 勿$_1$

“勿”对叙述进行否定时，一般用于动词、动词性短语或助动词之前。如：

(42)伏惟陛下应乾符运，至德发闻，升昭于天，是三灵降瑞，人神以和，休征杂沓，万国响应，虽欲勿用，将焉避之？(《三国志·魏志·文帝纪》注引《献帝传》)

(43)从人乞瓜，其主勿与。(《搜神记》卷一)

据王力研究，“有时候，‘毋’(无)和‘勿’当‘不’讲，往往是指一些不应该做的事情或者是不希望出现的事情”[①]。

二、表示对已然的否定

这类否定副词既可以表示某种情况从未经历过，即否定经验体，也可以表示某种动作行为或状态没有实现或完成，即否定完成体。受语义限制，这类否定副词中的双音节复合词“未尝”“未曾”“不曾”否定经验体时，只用于肯定式，而否定完成体时，则其后必为否定式。其功能特征与表过去、已然的时间副词基本相同。

基本语法功能是修饰动词或动词性短语，表示某种情况从未经历过或某个事实尚未发生。若修饰形容词或形容词性短语，则其语义上表示某种变化尚未发生。

1. 不曾

用于动词或动词性短语之前，否定某种情况曾经发生过。就我们对文献的调查来看，“不曾”最早见于三国时期的汉译佛经《菩萨本缘经》(2 例)，但同时期的《六度集经》《撰集百缘经》中没见用例。西晋的《生经》中有 1 例，元魏时期的《贤愚经》中 1 例，《杂宝藏经》中 6 例。至于“不曾”在中土文献中的使用情况，我们共调查到 5 例，其中《幽明录》1 例，《世说新语》1 例，《南齐书》1 例，《魏书》2 例。由此看来，“不曾”尽管在三国时期已经产生，但直到到南北朝时期，使用一直极其有限。如：

(1)经三日复生，说始死时，有神人将重到一官府，见官寮，问：“何以杀人?”重曰：“实不曾行凶。”(《古小说钩沉·幽明录》)

(2)夫爱别离非王独有如此，皆是有为法相也。大王昔来不曾闻耶？(《菩萨本缘经·毗罗摩品》)

(3)汝今复当听饿鬼中种种诸苦。所谓饥渴所逼身体干枯，于无量岁初不曾闻浆水之名，乃至秽粪求不能得。(《菩萨本缘经·兔品》)

---

① 《王力文集》第 11 卷，第 183～184 页。

(4)(习凿齿)后至都见简文,返命,宣武问:"见相王何如?"答云:"一生不曾见此人。"(《世说新语·文学》)

(5)尼每自伤曰:"吾昔未仕,不曾羡人,今日失官,与本何异?然非吾宿志,命也如何!"(《魏书·阳尼传》)

(6)虽有善政如黄龚,儒学如王郑,史才如班马,文章如张蔡,得一分一寸必为常流所攀,选曹亦抑为一概,不曾甄别。(《魏书·崔光传》)

近现代汉语中,"不曾"一般只用于否定经验体,表示从未经历过某种情况。但在其产生之初的中古汉语中,"不曾"亦有否定完成体的用例。如:

(7)每至夕趋琼筵,晨登朱陛,不曾不忆芳林胜集,玄圃法座。(《全梁文·萧映〈答晋安王书〉》)

这里的"不曾不"义同"未曾不"。不过,所调查文献中仅此孤例。可见"不曾"自产生之初,用法一直非常固定。这应该是受语义来源制约的结果。

2.未$_2$

既可否定某种动作或状态的实现或完成,也可表示未曾经历过某种情况,主要用于修饰动词或动词性短语,也可修饰形容词或形容词性短语。如:

(8)今旦闻下太尉王公敕令自实,未审其事深浅何如。(《后汉书·王龚传》)

(9)名位未高,如为勋贵所逼,隐忍方便,速报取了。(《颜氏家训·风操》)

"未$_2$"可出现在"VP-neg"式中,参与构成反复问句。如:

(10)九龄之梦,武王已得文王之年未?(《论衡·感类》)

(11)城陷,生执洪。绍盛帷幔,大会诸将见洪,谓曰:"臧洪何相负若是!今日服未?"(《后汉书·臧洪传》)

(12)是日季龙疾小瘳,问曰:"遵至未?"(《晋书·石季龙载记下》)

(13)每见钱，辄曰："我昔时思汝一文不得，今得用汝未?"(《南齐书·郁林王纪》)

3. 未曾

"未曾"可以否定经验体，即表示某种情况从未经历过。如：

(14)王念太子常在宫中，未曾执苦，即问其仆："太子何如?"(《修行本起经·游观品》)

(15)顽夫固陋，守彼岩穴，足未尝践阊阖，目未曾见廊庙。(《全汉文·张良〈又以齐反书遗项王〉》)

(16)大人不与堪为友，平生未曾相闻，子孙窃怪之。(《后汉书·朱晖传》)

(17)吾在军，未曾为敌走，况从天子而见危哉!(《三国志·蜀志·杨戏传》)

"未曾"也可以否定完成体，即否定某种动作行为或状态的实现或完成。如：

(18)吾每念袁尚兄弟，未曾不痛心忘寝食，宁坐而死，岂忍行之。(《晋书·吕纂载记》)

(19)臣每览史传，见忧国忘家，捐生报德者，未曾不抚卷叹息，以为今古共情也。(《南齐书·王融传》)

4. 未尝

既可以否定经验体，即表示某种情况从未经历过，也可以否定完成体，只修饰动词或动词性短语。如：

(20)又善兵策，帝常言"伏波论兵，与我意合"，每有所谋，未尝不用。(《后汉书·马援传》)

(21)汉时，洛下有一洞穴，其深不测。有一妇人欲杀夫，谓夫曰："未尝见此穴。"(《古小说钩沉·幽明录》)

(22)孝武未尝见驴，谢太傅问曰："陛下想其形，当何所似?"(《古小说钩沉·小说》)

三、表示对判断的否定

石毓智、徐杰曾经指出："从先秦汉语向中古汉语转化的过程中发生了两件对汉语语法产生深远影响的大事件，一是语序焦点表示方法的消失，二是原为指代词的'是'演化为一个判断词，并进而取代了旧有的判断句格式。"[①]从整个汉语史的发展来看，东汉之前，否定判断句一直采用的是"×非×"格式，如《史记·秦本纪》："缪公曰：'虞君不用子，故亡，非子罪也。'"进入东汉时期，否定判断句开始发生变化，"×非是×"这一新型格式出现了。该格式出现的意义还在于：它表明东汉的"是"字已经彻底摆脱指代性，成长为一个纯粹的判断动词。到了魏晋南北朝时期，在"×非是×"开始逐渐取代"×非×"的同时，"×不是×"格式产生了，"×未是×"也有了使用。"'×不是×'格式的出现，无疑是'是'字句在魏晋南北朝最重要的进展。"[②]但这一时期"×不是×"还比较少见。进入唐代之后，"×不是×"的使用开始增多，并很快发展成为近现代汉语中最为重要的否定判断句式。"由'× 非×'到'×非是×'，再到'×不是×'，三者的承传关系十分明确，其中'×非是×'起着一种上承'×非×'、下启'×不是×'的枢纽作用，三种格式之间常出现共存、交替和变换。"[③]下面对这些否定副词分别加以例释。

1. 不是

"不是"的出现大约在西晋前后，汉译佛经和中土文献中都有用例。如：

(1)魏公子无忌曾在室中读书之际，有一鸠飞入案下，鹞逐而杀之。忌忿其搏击，因令国内捕鹞，遂得二百余头。忌按剑至笼曰："昨

① 石毓智、徐杰：《汉语史上疑问形式的类型学转变及其机制》，《中国语文》2001年第5期。

② 唐钰明：《中古"是"字判断句述要》，王云路、方一新：《中古汉语研究》，第354页。

③ 唐钰明：《中古"是"字判断句述要》，王云路、方一新：《中古汉语研究》，第354页。

搦鸠者当低头服罪,不是者可奋翼。"(《古小说钩沉·列异传》)

(2)今者所说法,不入律行,亦不是世尊所教化。(西晋·竺法护译《佛说文殊师利现宝藏经》)①

(3)若平直相似,状如算子,上下方整,前后齐平,便不是书,但得其点画尔。(《全晋文·王羲之〈题卫夫人《笔阵图》后〉》)

不过,"不是"在中古汉语中的使用有限,只是偶或见之。如:

(4)彼常愿欲共我一过交战,我亦不痴,复不是苻坚。(《宋书·索虏传》)

(5)诸余泥木天像,悉不作礼。语使雨宝,亦复不能,又复不是提婆跋提夫人所生,乃至五百诸大太子于十事中乃无一事。(《贤愚经·摩诃令奴缘品》)

(6)胄玄于历,未为精通。然孝孙初造,皆有意,徵天推步,事必出生,不是空文,徒为臆断。(《全隋文·刘焯〈言张胄玄新历之误于皇太子〉》)

2.非、非复

"非"作为上古和中古汉语中使用最多的否定判断副词,既可用来否定一个肯定的判断句,亦可否定一个否定的判断句。如:

(7)故至言弃捐,圣贤距逆,非憎圣贤,不甘至言也。(《论衡·逢遇》)

(8)夫纪闰参差,数各有分,分之为体,非不细密,臣是用深惜毫厘,以求全妙之准,不辞积累,以成永定之制,非为思而莫知,悟而弗改也。(《南齐书·文学·祖冲之传》)

在"为"字式判断句中,"非"用在"为"字之前,构成否定判断。如:

(9)晋、宋以来,多能书者。故其时俗,递相染尚,所有部帙,楷正可观,不无俗字,非为大损。(《颜氏家训·杂艺》)

(10)又尔时颠沛,普唤文士,黄门中书,靡不毕集,摛翰振藻,非

① 唐钰明:《中古"是"字判断句述要》,王云路、方一新:《中古汉语研究》,第353页。

为乏人，朝廷洪笔，何故假手凡贱？（《南齐书·文学·丘巨源传》）

“非复”由“非”与词缀“复”复合而成，它只用来否定肯定判断句，并以修饰名词和名词性短语为主。如：

(11)余虽心知之，而未如之何，此屈非复文辞所了。（《全晋文·傅咸〈答郭泰机诗序〉》）

(12)世祖谓文季曰：“南士无仆射，多历年所。”文季对曰：“南风不竞，非复一日。”（《南齐书·沈文季传》）

(13)吾前后有敕，非复一两过，道诸王不得作乖体格服饰，汝何意都不忆吾敕邪？（《南齐书·武十七王·庐陵王子卿传》）

(14)及离乱之后，朝市迁革，铨衡选举，非复曩者之亲。（《颜氏家训·勉学》）

3. 非是

据唐钰明考察，“非是”最早出现在东汉时期的汉译佛经中。[①] 如：

(15)此是轮上嬉戏使肠结如是，食饮不消，非是死也。（后汉·安世高译《奈女祇域因缘经》）

(16)须菩提白佛言：“泥洹是限，非是诸法。”（后汉·支娄迦谶译《道行般若经》）[②]

中土文献中“非是”的较早用例来自《论衡》：

(17)及见他鬼非是所素知者，他家若草野之中物为之也。（《论衡·订鬼》）

魏晋南北朝时期，“非是”用例增多，使用开始变得普遍。如：

(18)我非是天，亦非龙鬼，是舍卫国辅相之子。我欲出家，父母不听，故欲自杀更生余处。（《撰集百缘经·恒伽达缘》）

(19)夜半心悟，乃计曰：“魅迷人，非是我妇也。”（《古小说钩沉·

---

① 参见唐钰明：《中古“是”字判断句述要》，王云路、方一新：《中古汉语研究》，第351页。

② 唐钰明：《中古“是”字判断句述要》，王云路、方一新：《中古汉语研究》，第351页。

列异传》)

(20)虏凶狡情状可见,自关中再败,皆是帅师违律,非是内有事故,致外有败伤。(《宋书·郑鲜之传》)

(21)尸出,家人共洗浴之,见兴祖颈下有伤,肩胛乌黳,阴下破碎,实非兴祖自经死。家人及门义共见,非是一人。(《南齐书·王奂传》)

(22)既亲达经教,为人讲说,口称慈悲,心怀毒害,非是不知,知而故犯,言行既违,即成诡妄。(《全梁文·武帝〈与周舍论断肉敕〉》)

(23)吾今年始七十五,自惟气力,尚堪朝觐天子,所以孜孜求退者,正欲使汝等知天下满足之义,为一门法耳,非是苟求千载之名也。(《魏书·杨播传》)

(24)王来大善,但王衣服有微烟气,令我泪出,非是相憎。(《贤愚经·檀弥离品》)

4.未是

大约魏晋时期,"未是"开始进入否定判断句系统,但其使用一直比较有限。如:

(25)此言儒学拨乱反正、鸣鼓矫俗之大义也,未是夫穷理尽性,陶冶变化之实论也。(《三国志·魏志·常林传》注引《魏略·清介传》)

(26)今将欲趣彼至极,不得不假筌蹄以自运耳,故知所假之功,未是其绝处也。(《全晋文·王谧〈重答桓玄难〉》)

(27)东宫实体夙成之表,而今有童子侍从之声,未是光阐遐风之弘理也。(《晋书·裴秀传》)

(28)盗贼奔突,王都隳败,而此堂块然独存,斯诚神灵保祚之征,然未是大晋盛德之形容,歌颂之所先也。(《晋书·蔡谟传》)

(29)若暂知未是见理,岂得云理暂为用?又不知以何称知。(《全宋文·谢灵运〈答王卫军问〉》)

(30)高祖曰:"卿为著作,仅名奉职。未是良史也。"(《魏书·韩麒麟传》)

与“非是”“不是”较早运用于汉译佛经不同，“未是”的使用一直以历史著作为主。就我们对文献的调查来看，《六度集经》《菩萨本缘经》《撰集百缘经》《生经》《贤愚经》《杂宝藏经》《长阿含经》等七部佛经以及《世说新语》《古小说钩沉》《搜神记》《西京杂记》《周氏冥通记》《洛阳伽蓝记》《颜氏家训》等诸多语料中皆未发现“未是”的用例。

四、表示劝止

这类副词语义上表示一种否定的祈使、请求，语法功能上，一般只修饰动词或动词性短语，偶尔用于修饰形容词或形容词性短语。其代表性副词是上古汉语中早已产生的“勿”和“毋”，两者都是从“无”分化出来的否定副词。不过，近代汉语中使用较广的“莫”已经产生。“不用”“无为”作为新生副词使用范围极其有限，特别是“不用”，仅在《齐民要术》中有所使用。

1. 不用$_2$

表示禁止或劝阻做某种事，可解释为“不准”“不能”。如：

(1)早者作菹，晚者作干。漫散而劳。种不用湿。湿则地坚叶焦。(《齐民要术·蔓菁》)

(2)埋之欲深，勿令挠动。凡栽树讫，皆不用手捉，及六畜觝突。(《齐民要术·栽树》)

(3)是以须概，不用稀；稀能耕犁者，必难慎，率多死矣；且概则长疾。(《齐民要术·种桑柘》)

(4)凡耕桑田，不用近树。伤桑、破犁，所谓两失。(《齐民要术·种桑柘》)

(5)初生三年，不用采叶，尤忌捋心；捋心则科茹不长，更须依法烧之，则依前茂矣。(《齐民要术·种榆、白杨》)

(6)不用水浇，浇则淹死。勿令六畜入园。(《齐民要术·种竹》)

中古汉语中，该项用法的“不用”只见于《齐民要术》，且为《齐民要术》中的常义。这与汪维辉的调查结果基本相一致，即“不用”不见于同时期的南方文献。[①]

据吴福祥《敦煌变文语法研究》，变文中“不用”亦可用于表示劝阻或禁止语气，且多达12例。转摘2例如下：[②]

(7)二人辞了须好去，不用将心怨阿郎。(《敦煌变文·董永变文》)

(8)远公曰：“汝莫心怀疑虑，不用苦切悲泣。”(《敦煌变文·庐山远公话》)

《齐民要术》作者贾思勰是山东益都(今山东寿光)人，一生不曾到过南方，而敦煌变文中掺杂有北方方言，已是学界共识。因此，表劝止的“不用”或许是北方方言词汇在文献中的反映。

2. 莫$_2$

表劝止的“莫”产生在西汉以后，最早见于汉译佛经，修饰动词或动词性短语。如：

(9)王敕国中：“太子当出，禁诸臭秽，莫在道侧。”(《修行本起经·游观品》)

(10)须弥不崩，月明续照，珠光不灭，头髻不落，伞盖今在，且自安寐，莫忧失盖。(《修行本起经·出家品》)

(11)无以豪贵自恣其情，无以自在贪淫无厌，无以国强侵凌弱者，无以瞋怒枉杀无过。莫随淫心，莫随贪心，莫随怒心。(《中本起经·度瓶沙王品》)

大约三国时期，中土文献中也有了“莫”的用例。如：

(12)且我作儿童时，便为卿家丞相所拔，常恐不得其死，负名贤知顾。今以身徇社稷，复何遁邪？莫牵曳之如是。(《三国志·吴志·孙皓传》注引干宝《晋纪》)

(13)君有急病见于面，莫多饮酒。(《三国志·魏志·华佗传》)

(14)君为人心正，方受大福。愿莫道此事，天地闻之，我罪不细。

---

① 参见汪维辉：《六世纪汉语词汇的南北差异》，《中国语文》2007年第2期。

② 转引自吴福祥：《敦煌变文语法研究》，第161页。

(《古小说钩沉·幽明录》)

(15)俄顷,所生母及姨母续至,见便悲叫,问:“何意!何意!”唯闭眼举手,三弹指云:“莫声叫,莫声叫!误人事!”(《周氏冥通记》卷一)

(16)凡此事莫轻示人,吾昔与清灵去来华侨处,受其言语,令以示许。(《周氏冥通记》卷三)

“莫”原为无指代词,表示排除一切对象,后来发展成为副词,表示对叙述的否定,表劝止的“莫”就是在此基础上产生的。

3.无为

修饰动词或动词性短语,表示劝阻,意为“不要”等。如:

(17)菩萨行净三界无比,以得自然神通,众梵诸天亿百皆往礼侍,此非天人所当沮坏,无为兴恶自毁其福。(《修行本起经·出家品》)

(18)魏武帝猜忌晋宣帝子非曹氏纯臣。又尝梦三匹马,在一槽中共食,意尤憎之。因召文、明二帝,告以所见,并云:“防理自多,无为横虑。”帝然之。(《古小说钩沉·幽明录》)

(19)详以昭语告亮,亮又使详重说昭,言人兵不敌,无为空自破灭。(《三国志·魏志·明帝纪》注引《魏略》)

(20)臣松之以为辨章事理,贵得当时之宜,无为虚唱大言而终归无用。(《三国志·魏志·明帝纪》裴注)

(21)文秀拒之,伯宗战败被创,弟天爱扶持将去,伯宗曰:“丈夫当死战场,以身殉国,安能归死儿女手中乎。弟可速去,无为两亡。”(《宋书·沈文秀传》)

(22)君诸人既有志心,若能与薛子弟俱来者,皆即假君以本乡县,唯意所欲。如其不尔,无为空劳往还。(《宋书·沈攸之传》)

“无为”当是由“不要”的“无”义与动词“为”逐渐虚化而来。“无为”原意为“不(要)做……”,常独立充当谓语或修饰名词和名词性短语,如《后汉书·光武帝纪下》:“今所制地不过二三顷,无为山陵,陂池裁令流水而已。”后来,动词和动词性短语开始出现在“无为”之后,

“为”的动词义逐渐削弱并最终消失，成为一个辅助性成分，作用似乎仅在于促成双音节结构的形成，不关乎词义本身，“无为”也就由两个单音节词结合成了一个双音节的语言单位。

4. 毋$_2$

用于动词或动词性结构之前，意为“别”“不要”。如：

(23)德君慎毋用其言也，用其言者，天怨不正，当为身深计远虑，思其患害，以长自安。(《太平经·拘校三古文法》)

(24)毋承屋檐而坐，恐瓦堕击人首也。毋反悬冠，为似死人服；或说恶其反而承尘溜也。(《论衡·四讳》)

5. 勿$_2$

自上古以来使用最为广泛的劝止副词，通常用于动词之前。如：

(25)明帝函封与庾公信，误致与王公。王公开诏，末云：“勿使冶城公知。”(《古小说钩沉·裴子语林》)

(26)卿宣诏语卿父，勿令卿母知之。(《三国志·吴志·孙綝传》注引《江表传》)

(27)夫养生者先须虑祸，全身保性，有此生然后养之，勿徒养其无生也。(《颜氏家训·养生》)

五、小结

下面是中古汉语否定副词简表：

表5　　中古汉语否定副词简表

	承续上古汉语	中古汉语新生	合计
否定叙述	不、非$_1$、弗、莫$_1$、叵、未$_1$、无、毋$_1$、勿$_1$	不复、不必、不须、不用$_1$、无复	14
否定已然	未$_2$、未尝	不曾、未曾	4
否定判断	非$_2$	不是、非复、非是、未是	5

续表

	承续上古汉语	中古汉语新生	合计
禁止、劝阻	毋$_2$、勿$_2$	不用$_2$、莫$_2$、无为	5
总计	14	14	28项,22词

从上面的分析中可以看出,中古汉语否定词形成了一个基本整齐的系统。在这一系统中,表示某一意义和用法的否定副词都有一种主要形式,如对一般叙述加以否定的副词尽管多达14个,但其中"不"的使用频率最高,搭配能力最强,组合形式最丰富,是否定副词系统的中心;对已然进行否定的副词有4个,其中新生副词2个,但这一时期占主导地位的仍然是承续于上古汉语的"未";"非""勿"则分别是否定判断和表示劝止的主干词汇。"不""非""未""勿"都是在上古汉语中已经产生并且使用非常普遍的否定副词,它们的主导作用在中古汉语中得到了延续。应该说,汉语的否定副词系统是相当稳定的。

不过,近现代汉语中使用较为普遍的否定副词,如对已然加以否定的"未曾""不曾",对判断加以否定的"不是"等,中古汉语中都已出现。新兴否定副词多达12个,且皆为双音节形式,这与汉语双音化的发展趋势是相一致的。但大多是在原有词汇和意义的基础上产生的复合副词,如"不复""无复""非复""未曾""不曾""非是""不是""未是"等。而且,新兴否定副词中的"不用""无为""不复""无复""非复"等,使用范围和使用时间都极为有限,近代汉语中已难觅踪迹。

第二章　中古汉语中的双重否定格式及其广泛使用的社会背景

语言本身是一种社会现象，和社会有着密切的关系，各种社会因素会对语言产生影响。日本学者志村良志在《中国中世语法史研究》中就曾指出，用重复否定词的二重否定来表示强调的说法在中古汉语中变得经常使用，如“不得不”“不可不”等，认为“有必要追寻一下这些词产生的社会背景”。① 不过到目前为止，我们尚未见到有关这方面的探讨。

我们以中古时期（东汉至南北朝）的 5 部汉译佛经（《修行本起经》《中本起经》《撰集百缘经》《生经》《贤愚经》）、5 部历史著作（《后汉书》《三国志》及裴注、《宋书》《南齐书》《魏书》）、7 部笔记小说（《搜神记》《搜神后记》《拾遗记》《世说新语》《西京杂记》《周氏冥通记》《古小说钩沉》）以及 4 部杂著（《论衡》《太平经》《洛阳伽蓝记》《颜氏家训》）共 21 部文献作为语料，调查了其中的“不×不”式双重否定格式在语气表达上的强弱，并对其广泛运用的社会背景作了初步分析。

---

① 参见[日]志村良志：《中国中世语法史研究》，江蓝生、白维国译，北京：中华书局 1995 年版，第 87 页。志村良志将“不得不”“不可不”等定性为词。不过，就我们下文的分析来看，由其参与构成的句法结构基本上都可以分析为“不×/不 VP”，所以我们认为将它们称为“双重否定格式”较为稳妥。

一、双重否定格式及其表达语气

双重否定格式是用两个否定形式表达一个肯定意义的否定句式。由于双重否定特殊的表现形式，很容易引起语法研究者的注意，所以它一直都是语法学者的关注对象。在对这种现象的研究中，学者们达成了比较一致的看法，都认为双重否定是通过两次否定来表达肯定意义，并且认为双重否定不等于单纯肯定。即使两者在语义上没什么差别，表达的语气强弱也会有所不同。按照已有研究对双重否定的认识，“不×不”这类用重复否定词的二重否定来表示肯定的格式，应该属于双重否定格式。

调查发现，21 部文献中共有双重否定格式 6 种，即“不得不”“不敢不”“不可不”“不能不”“不为不”和“不应不”。由于“不为不”和“不应不”分别只有 9 例和 2 例，所以我们以其余 4 种双重否定格式作为探讨的重点。

1. 不得不

双重否定格式“不得不”在先秦时期已经产生，但根据弈采妍的调查，西周时期的《周易》《诗经》《尚书》《逸周书》中未见用例，战国后期三部古籍中的用例也不太多，其中《韩非子》7 例、《战国策》6 例、《吕氏春秋》3 例。[①]

中古汉语中，“不得不”成为一种常见的语法格式，21 部文献中共有 89 例，其中《生经》《贤愚经》各 1 例，《后汉书》12 例，《三国志》11 例，裴注 20 例，《宋书》10 例，《南齐书》1 例，《魏书》7 例，《搜神记》1 例，《世说新语》8 例，《周氏冥通记》5 例，《古小说钩沉》2 例，《论衡》7 例，《太平经》2 例，《洛阳伽蓝记》1 例。如：

(1)袁绍无道，所图不轨，且不救洪郡将，洪于大义，不得不死。(《后汉书·臧洪传》)

---

① 参见弈采妍：《先秦汉语双重否定句式研究》，暨南大学硕士学位论文，2006 年，第 30 页。

(2)又盐,食之急者,虽贵,人不得不须,官可自鬻。(《后汉书·朱晖传》)

(3)尧知天命去己,故不得不禅舜,舜知历数在躬,故不敢不受;不得不禅,奉天时也,不敢不受,畏天命也。(《三国志·魏志·文帝纪》注引《献帝传》)

(4)今外失吴援,内有胡寇,心知国家能从陆道,势不得不怀惶惧之心。(《三国志·魏志·公孙度传》注引《魏名臣奏》)

(5)布曰:"缚太急,小缓之。"太祖曰:"缚虎不得不急也。"(《三国志·魏志·吕布传》)

(6)谢公在东山畜妓,简文曰:"安石必出,既与人同乐,亦不得不与人同忧。"(《世说新语·识鉴》)

(7)事平之后,陶公与让有旧,欲宥之。许柳儿思妣者至佳,诸公欲全之;若全思妣,则不得不为陶全让。于是欲并宥之。(《世说新语·政事》)

就以上例句来看,"不得不"修饰的成分一般表示动作行为主体由于某种原因或条件的限制,致使主观愿望不能完全实现而不得已才实施的动作或行为。因此,在"不得不"句子中,往往会交代让句子主语"别无选择,只好如此"行事的原因。如例(1)中的"不得不死"的原因是"大义"所迫;例(2)"不得不须"是因为盐是"食之急者";例(3)中的"禅舜"是由于"知天命去己",受其驱动而只好作出的行为;例(4)由于"外失吴援,内有胡寇",内外交困,所以"不得不怀惶惧之心"。余例同理。

说话人用"不得不"来表达,是为形势所迫,存在着一种客观道义上的必要,并不是出于主观上的意愿。由此可以看出,"不得不"的道义情态(表达说话人对事件成真的可能性与必然性的观点,涉及"必要""义务""许可"等概念)的必要性具有很强的客观色彩,旨在告诉听话人有存在客观道义上的这种必要,为情势所迫而行某事的意义。较之一般肯定句,"不得不"句带有无奈、哀叹的感情色彩,表达委婉,语气较弱。[①]

2. 不敢不

“不敢不”构成的双重否定格式大约产生于西周时期，《尚书》(2例)和《诗经》(1例)中已有使用，但用例很少。中古时期，“不敢不”的使用仍不普遍，21部文献中共有40例，其中《后汉书》3例，《三国志》4例，裴注9例，《魏书》11例，《世说新语》2例，《古小说钩沉》2例，《论衡》1例，《太平经》8例。如：

(8)下愚弟子乃为天问事，不敢不冒过悉道之。(《太平经·五事解承负法》)

(9)先帝秉德以惠下，故臣可得不来。骠骑执法以检下，故臣不敢不至。(《后汉书·周黄徐姜申屠列传》)

(10)尧知天命去己，故不得不禅舜，舜知历数在躬，故不敢不受；不得不禅，奉天时也，不敢不受，畏天命也。(《三国志·魏志·文帝纪》注引《献帝传》)

(11)臣备位宰相，老病日笃，犬马之命将尽，恐不复奉望銮盖，不敢不竭臣子之怀，唯陛下裁察！(《三国志·魏志·华歆传》)

(12)臣等具位在官，与国休戚，庇心之至，不敢不陈。(《魏书·礼志三》)

以上例句中的“不敢不”，语义相当于“一定要”“一定得”。由它构成的双重否定格式中，句子主语采取的行为常常是受到了外在某种压力或客观情况的驱使，如例(8)“冒过悉道之”的动力是“为天问事”；例(9)“不敢不至”的原因是“骠骑执法以检下”；例(10)之所以“受”，是“知历数在躬”“畏天命”的结果。余例同理。

因此，较之一般肯定句，“不敢不”传达出句子主语采取某种行为的一种无奈的感情色彩，比“一定得”的表达要委婉些。“不敢不”句由于道义情态(必要)的存在而迫使句子主语采取某种行为，这就要

① 参见陈玲巧：《现代汉语情态双重否定研究》，浙江大学硕士学位论文，2009年，第40页。

求句子主语是人，后面所接的动词也是可以自主支配的。[①]

3. 不可不(不可以不)

“不可不”和“不可以不”二者在语义上没有差异，均表示“作为原则，无论如何也不能不……”[②]的意思，前者可以看作是后者的简化形式。只是由于“可以”的双音节性，比“不可不”的表达在语气上显得更舒缓、委婉一些。文献中“不可不”的用例远远多于“不可以不”(共有14例)，所以我们以“不可不”作为分析对象。

“不可不”构成的双重否定格式在西周时期的《尚书》中已经出现，并在战国后期得到了较大的发展。据弈采妍统计，《韩非子》中出现了24例，《战国策》中出现了15例，《吕氏春秋》中多达55例。[③] 中古汉语中，“不可不”仍然保持了强劲的发展势头。就我们的调查来看，它是这一时期最为常见的双重否定格式，21部文献中共有例句164例，其中《修行本起经》1例，《生经》1例，《贤愚经》4例，《后汉书》23例，《三国志》25例，裴注34例，《宋书》10例，《南齐书》5例，《魏书》20例，《世说新语》4例，《周氏冥通记》1例，《太平经》29例，《论衡》1例，《颜氏家训》6例。

“不可不”的后接成分基本上都是表示动作或心理的动词，如：

(13)为人上求士，不可不详；为人下贡士，不可不忠。(《太平经·四吉四凶诀》)

(14)天下至广，万机至猥，诚不可不矜矜业业，坐而待旦也。(《三国志·魏志·王基传》)

(15)然辂以为注易之急，急于水火；水火之难，登时之验，易之清浊，延于万代，不可不先定其神而后垂明思也。(《三国志·魏志·方技传·管辂传》注引《辂别传》)

---

① 参见陈玲巧：《现代汉语情态双重否定研究》，浙江大学硕士学位论文，2009年，第42页。

② [日]志村良志：《中国中世语法史研究》，江蓝生、白维国译，第87页。

③ 参见弈采妍：《先秦汉语双重否定句式研究》，暨南大学硕士学位论文，2006年，第28页。

(16)若事异今日,嗣子幼蒙,司徒便当周公之事,汝不可不尽祇顺之理。(《宋书·武三王·江夏文献王义恭传》)

(17)胜公荣者不可不与饮,不如公荣者亦不可不与饮,是公荣辈者又不可不与饮。(《世说新语·任诞》)

(18)卿可谓能断大事,此不可不殷勤三思。义康始死,人谓我无复慈爱之道。(《魏书·岛夷刘裕传》)

就以上例句来看,"不可不"后接的基本上都是能和"不"搭配的动作或心理动词,因此"不可不 VP"的结构应该是"不可/不 VP",即对一个否定命题再进行情态否定。不过,这个否定命题表达的内容都是非现实的,即它们不是已经实现的事件或状态,而是说话人想象中的情况。它表达了说话人向听话人提出一种提议、劝告、警告等。相比一般肯定句从正面提出这种劝告、警告,"不可不"的表达比较委婉,语气上也比较弱。

"不可不""不可以不"还可以修饰性质形容词,如:

(19)臣闻天不可以不刚,不刚则三光不明;王不可以不强,不强则宰牧从横。(《后汉书·丁鸿传》)

(20)臣闻宰相国之柱也,不可不强,是故汉有萧、曹之佐,先帝有顾、步之相。(《三国志·吴志·陆凯传》)

"刚""强"都是性质形容词,表示的是事物的特性,道义之力本来是无法对性质本身施加任何影响的。但是,作为人们的行为准则时,特性也是可以进行道义上的要求的,即说话人对达到特性所代表的标准可以提出道义要求。当然,这种标准可以是社会规定、社会道德风俗要求的,也可以是个人设定的。

4. 不能不

先秦时期的双重否定格式中似乎还没有"不能不"的使用。我们调查到的较早用例出现于《汉书》,如《汉书·王嘉传》:"二千石、部刺史、三辅县令有材任职者,人情不能不有过差,宜可阔略,令尽力者有所劝。"中古汉语中"不能不"构成的双重否定格式的运用仍然有限,21 部文献中共有 27 例,其中《后汉书》2 例,《三国志》1 例,裴注4 例,

《宋书》4 例,《南齐书》《魏书》各 2 例,《世说新语》《周氏冥通记》《古小说钩沉》各 1 例,《论衡》7 例,《颜氏家训》2 例。“不能不”的后接成分基本上局限于动作动词和心理动词,下面分别例举。

(21)凡人在世,不能不作事,作事之后,不能不有吉凶。(《论衡·辨祟篇》)

(22)昔仲尼之于颜子,每言不能不叹,既情爱发中,又宜率马以骥。(《三国志·魏志·杜畿传》注引《杜氏新书》)

(23)府州郡邸舍,非臣私有,今巨细所资,皆是公润,臣私累不少,未知将来罢州之后,或当不能不试学营觅以自赡。(《南齐书·豫章文献王传》)

以上“不能不”的后接成分为动作动词。“不能不”修饰的动作动词以动词性结构居多,单音节动词较为少见。这些动作动词都可以和“不”搭配。其中例(21)“不能不有吉凶”有必要作出说明,因为现代汉语中“有”不能用“不”否定,但在中古汉语中却没有这样的限制。就我们的调查来看,21 部文献中“不”对“有”的否定达 107 例,可见用“不”来否定“有”是这一时期常见的语法现象。

“不能不”修饰的心理动词,也都可以和“不”相搭配。如:

(24)有愧于叔达,不能不恨于破甑!(《世说新语·黜免》)

(25)今日何缘复恚,但父子同死,不能不悲耳。(《宋书·范晔传》)

(26)既从来未尝见此,不能不惧。(《周氏冥通记》卷三)

就以上例句来看,在“不能不”出现的语境中总伴随着某种客观情况,如例(22),“不能不叹”是由于“既情爱发中,又宜率马以骥”;例(23),“不能不试学营觅”是因为“府州郡邸舍,非臣私有,今巨细所资,皆是公润”,而且“臣私累不少”。这种客观情况可以是情理上的要求,也可以是事理上的要求。正是受这种客观情况的影响,句子主语或说话人才去实施某种行为。

汉语语法学界在“不能不＋VP”的语气强弱问题上分歧较大。

丁声树等人的《现代汉语语法讲话》认为语气较强[①]；黄伯荣、廖序东的《现代汉语》认为有时强，有时委婉[②]；胡裕树等人则在《现代汉语》中认为语气委婉[③]。宋永圭从动词和否定词“不”的搭配能力角度对“不能不+VP”的句法结构层次进行了切分，认为切分为“不能/不VP”时，“不能不”解释为道义情态的必要性，表达的语气强烈；而切分成“不能不/VP”时，则解释为认识情态（表达说话人对命题为真的可能性与必然性的看法或态度，涉及“必然”“盖然”“可能”等概念）的必然性，表达的语气较弱。[④]

由于中古汉语“不能不”双重否定格式后的动词都可以与“不”相搭配，所以依据宋永圭的句法结构层次法进行切分的结果，只能是“不能/不 VP”。但就这一时期的例句来看，我们认为“不能不”的句法结构层次并不和它的语义解读一一对应。比如例(21)，我们既可以将其解释为道义情态的必要性，有为情势所迫而行某事的意味，也可以将其解释为认识情态的必然性，表达说话人对“凡人在世”要“作事”“作事之后”“有吉凶”的必然性推定。但无论是解读为认识情态，还是解读为道义情态，言者都在提醒听者注意客观情况的存在对自己的决定性影响，刻意减弱个人的主观认识对这种判定或选择的干扰。从这一点来讲，中古汉语中“不能不”有为情势所迫而行某事的意味，语气表达较弱，有种无奈的感情色彩。

5.“不为不”与“不应不”

“不为不”共有 9 例，其中《修行本起经》2 例，《魏书》2 例，《后汉书》《三国志》裴注、《世说新语》《论衡》《太平经》各 1 例。如：

(27)武王伐纣，不为不义；况兵加曹操，而云无名！（《后汉书·

---

① 参见丁声树等：《现代汉语语法讲话》，北京：商务印书馆 1961 年版，第 201 页。

② 参见黄伯荣、廖序东主编：《现代汉语》，兰州：甘肃人民出版社 1983 年版，第 500～501 页。

③ 参见胡裕树主编：《现代汉语》，上海：上海教育出版社 1981 年版，第 287 页。

④ 参见[韩]宋永圭：《现代汉语情态动词“能”的否定研究》，复旦大学博士学位论文，2004 年，第 71 页。

袁绍传》）

(28)皋陶造刑辟之制，不为不贤；孔丘居司寇之任，未为不仁。（《世说新语·政事》）

(29)昔王孙裸葬，士安去棺，其子皆从而不违，不为不孝。（《魏书·礼志三》）

“不为不”相当于现代汉语中的“不是不”，跟单纯肯定的意思差不多，但语气比单纯肯定句要委婉些。

21部文献中“不应不”仅有2例，如：

(30)《礼》无不报。始既遍告，今贼已禽，不应不同。（《宋书·礼志三》）

(31)如此臭眼，危脆之物，如是不久，自当烂坏，今得用施，不应不与。（《贤愚经·快目王眼施缘品》）

“不应不”跟单纯肯定的“应”“应该”意思相近，但语气上稍显委婉。

二、双重否定格式广泛运用的社会背景

依据以上对中古汉语双重否定格式的分析，我们发现，就表达语气的强弱来讲，双重否定格式比一般肯定式更为委婉，语气较弱；而在文献分布上，双重否定格式在史书中最为常见。另外，东汉时期“疾虚妄古之实论，讥世俗汉之异书”的《论衡》和记载东汉后期到晋宋间一些名士的言行与轶事的《世说新语》，对双重否定格式的使用也较多。而这些文献，最能反映当时士人所处的时代状况及政治社会环境。因此，双重否定格式在这一时期得到广泛的运用，必定有着深刻的社会背景。

我们知道，东汉王朝后期，政治更趋腐败，特别是在桓帝刘志、灵帝刘宏统治期间(147～189)，朝廷大权完全由宦官集团把持。宦官张让、赵忠、侯览等人，为了打击外戚、官僚、名士，先后制造了两次“党锢之祸”，捕杀了李膺、范滂、巴肃、陈蕃等一百多名“党人”，株连所及，又有一千多名学生遭到迫害，永远不准他们出来做官。而魏晋

南北朝时期可以说是中国历史上最黑暗、最恐怖、最混乱、最痛苦的时代之一。先是三国之战，再是曹氏与司马氏两大集团之间的权力之争，后是西晋的“八王之乱”“永嘉之乱”，继而是“十六国之乱”、东晋的“苏峻、祖约之乱”、南朝梁的“侯景之乱”以及北朝东、西魏的战争等；与此同时，还有中央皇室与地方豪强、门阀士族之间，以及地方豪强、门阀士族彼此之间为争夺土地、人口、权力等而发生的尖锐冲突等，真可谓政治险恶、宦海肃杀、战乱频仍，哀鸿遍野，让人无时无刻不感到生存的危机和忧惧，正如《晋书·阮籍传》中所说：“魏晋之际天下多故，名士少有全者。”

因此，在群雄割据、杀戮不止的战乱年代中，在三国鼎立、相互攻伐的艰难岁月里，不少士人在老庄哲学思想的熏陶下，或韬光遁世，逃入山林，躲进土穴，过着一种隐士般的生活；或言不臧否，养性全真，身在田园追求适意逍遥；有的人迫于无奈，出仕为官，但虚食俸禄，委曲周旋，过着逢人开口笑的日子，如《世说新语·政事》所载：“丞相(王导)末年，略不复省事，正封箓诺之。”《魏书·元禧传》也曾记载北魏高祖驾崩后，咸阳王元禧受遗诏辅政，“虽为宰辅之首，而从容推委，无所是非”。在他们的思想深处，实际上充满着各式各样的矛盾和苦恼，如理想与现实、悲观与乐观、外化与内化、随俗与孤傲、虚假与真善、安命与迫逐等。这些士人面对严酷的现实，心里都很明白，但又不能不故意装聋作哑、虚与委蛇。在《世说新语·言语》引《司马徽别传》里，有一则故事很能代表当时士人的生活态度：“徽字德操，颍川阳翟人，有人伦鉴识，居荆州，知刘表性暗，必害善人，乃括囊不谈议。时人有以人物问徽者，初不辨其高下，每辄言佳。其妇谏曰：‘人质所疑，君宜辩论，而一皆言佳，岂人所以咨君之意乎？’徽曰：‘如君所言，亦复佳。’其婉约逊遁如此。”司马徽为一时名士，见多识广，声誉隆高，深受诸葛亮尊崇，但他在品评人物时，也只说好听的，从不说人家半句坏话。这种言不由衷的人生哲学，想必应是当时为求自我保全不得已而为之。

我们知道，阮籍年轻时，对于造访他的人有加以青眼和白眼的分别，但后来竟也做到“口不臧否人物”。同为“竹林七贤”的嵇康被杀，表面上是因为他的朋友吕安不孝，连及于他，但鲁迅认为是《与山巨源绝交书》中的“非汤武而薄周孔”的言论为他招来杀身之祸的。因此，他评论说：“嵇康的害处是在发议论；阮籍不同，不大说关于伦理上的话，所以结局也不同。”①

嵇康自己想必也对此心知肚明，所以不想后代重蹈覆辙，便在《家诫》中教导儿子做人要小心，并列出一条条的教训。其中有一条是：“若会酒坐，见人争语，其形势似欲转盛，便当亟舍去之。此将斗之兆也。坐视必见曲直，傥不能不有言，有言必是在一人；其不是者方自谓为直，则谓曲我者有私于彼，便怨恶之情生矣！或便获悖辱之言，正坐视之，大见是非而争不了，则仁而无武，于义无可，当远之也。”大致意思是说，宴饮时候有人争论，你可立刻走开，免得在旁批评，因为两者之间必有对与不对，不批评则不像样，一批评就总要是甲非乙，不免受一方见怪。高傲如嵇康者，竟然教子逃避议论，谨防祸从口出，可知当时的士人所处的社会政治环境是多么恶劣。

在这种时代状况和政治社会环境下，当形势需要自己对某种行为或事件作出评论或解释且无法回避时，刻意强调客观情况的存在对自己的决定性影响，竭力削弱个人的主观认识对这种判定或选择的干扰，也就成为众多士人保护自己的手段之一。反映到语言中，便是“不×不”式双重否定格式的经常使用。可以说，双重否定格式折射出那个特定时代形形色色的社会心理和语言文化内涵。

① 鲁迅：《魏晋风度及文章与药及酒之关系》，《鲁迅全集》第3卷，北京：人民文学出版社1981年版，第500～501页。

第三章　浅谈表示顺承关联的时间副词"却"的形成

"却"是汉语中比较常见的一个词。本义当为"退""后退"。后来,本义又引申出"返回""拒绝""除掉"等义。"却"的多项虚词用法就是在其本义和引申义的基础上虚化而来的。但是,对于"却"由实词发展成为表示顺承关联的时间副词的演变过程,却极少有人进行过调查和研究。就目前我们所能见到的文章和著作来看,仅有董淑慧以实词虚化理论为指导,以唐宋时期的文献为语料,从词汇意义和句法结构两方面具体分析时间副词"却"的虚化过程,认为"却"作为时间副词"再"的用法是以"返回"义为语义基础,由处于连动式中第一动词位置虚化而来。①

我们考察了中古汉语的诸多语料,进行穷尽性的调查后发现,"却"在两晋南北朝时期已经由本义"后退"历经"……之后/以后"的语义阶段演变为表示顺承关联的时间副词。这一演变主要是在语言的主观性的作用下实现的。所谓"主观性",是指说话人在说出一段话的同时表明自己对这段话的立场、态度和感情,从而在话语中留下自我的印记。② 下面,我们就从历时的角度来具体分析时间副词"却"的形成。

---

① 参见董淑慧:《谈"却"(卻)字三项副词用法的演成及其与几个相关副词的平行发展》,《汉语学习》1996 年第 4 期。

② 参见沈家煊:《语言的"主观性"和"主观化"》,《外语教学与研究》2001 年第 4 期。

一 、汉魏南北朝时期“却＋ V_2(＋O)”构成的连动式

汉魏南北朝时期,“却＋V_2(＋O)”构成的连动式根据动词 V_2 性质的不同,可以分为两种句式:“却＋非趋向性动词 V_2(＋O)”和“却＋趋向性动词 V_2(＋O)”。

(一)却＋非趋向性动词 V_2(＋O)

“却”为“后退”义时,表示人在一定空间内的位置移动,通常单独充当句子的谓语。到了汉魏南北朝时期,“却”后出现了非趋向性动词 V_2,表示两个动作相继发生,构成“却＋非趋向性动词 V_2(＋O)”的连动结构。我们查检到的最早的例句,出现于《史记》。

(1) 相如因持璧却立,倚柱,怒发上冲冠,谓秦王曰:“……臣头今与璧俱碎于柱矣!”(《史记·廉颇蔺相如列传》)

这种结构在汉译佛经中得到了广泛的发展。如:

(2) 即与妻子诣入稽首,却叉手立。(《六度集经·须大拏经》)

(3)头面作礼稽首佛足,却坐一面听说经法。(《菩萨本行经》卷中)

(4)释却稽首,绕王三匝欢喜而去。(《六度集经·萨波达王本生经》)

(5)释闻圣趣,因却叩头口,实无布施慈济众生,远福受祸,入太山狱者也。(《六度集经·菩萨本生经》)

以上例句中的“却”,皆为实意动词,表示“后退”。它实际上是佛教中为表示对对方的敬重之情所作的整套礼节中的一个动作。其中,“稽首礼足”是佛教最恭敬的礼节。“稽首”是头面着地,“礼足”将头接触佛足。通常的做法是:稽首礼足,然后后退,坐在或站在一边。有时是先后退,然后行稽首礼足之礼。因此,以上语境中出现的“却”和后面动词在语法上的联系并不紧密,中间可以插入其他语法成分。如上面例句中的“却叉手立”,在“却”和“立”两个动词之间插入“叉手”,表示站立时的一种动作方式。“却”完全可以自主成词,在其后

断开句读。不过，最初可能为了凑足偶数音节，往往将其与后面的动词连读在一起，形成一种连动结构。

（二）却＋趋向性动词 V_2（＋O）

到了魏晋时期，“却”后出现了趋向性动词，形成了“却＋趋向性动词＋O”的连动式。

(6)别驾从事田丰扶绍欲却入空垣，绍以兜鍪扑地曰：“大丈夫当前斗死，而入墙间，岂可得活乎？”（《三国志・魏志・袁绍传》裴注引《英雄记》）

(7)至食时，赐陈溃，阜军望见散走，汉兵急追之，却迫黄淳水，斩首溺死者二万余人，遂斩阜、赐。（《后汉书・齐武王缜传》）

(8)郃渡兵攻盛，盛不能拒，即时却退，郃据州上围守，然中外断绝。（《三国志・吴志・朱然传》）

(9)凡受籍，县不加检合，但封送州，州检得实，方却归县。（《南齐书・虞玩之传》）

查阅资料的过程中，发现有“却行”一词，如：“陛下所行，但务其华，不寻其实，犹缘木求鱼，却行求前。”（《后汉书・周举传》）这里的“却行”义为“后退着行走”。虽为同义连用，但“却”与“行”并没有时间上的顺承关系，不是两个连续的动作，而是用“却”来表示“行”的一种方式。因此，这里不宜将“却行”视为连动式。

（三）两种句式的比较及结论

以上两种句式，在整个中古汉语中的发展是不平衡的。从产生时间上看，“却＋非趋向性动词 V_2（＋O）”构成的连动结构在西汉时期已经产生，并且在两汉及三国时期的汉译佛经中得到了极大的发展。到了魏晋南北朝时期，该句式已经趋向衰弱。除了汉译佛经“稽首礼足”礼节中的“却住一面”常见外，其他文献中已经少有其例。我们遍检这一时期的文献，仅得数例。例句有：

(10)武子一起便破的，却据胡床，叱左右速探牛心来。须臾，炙

至，一禽便去。（《世说新语·汰侈》）

(11)君歌尚未罢，却坐避梁尘。（张率《对酒》）

(12)充既至东廊，女已下车，立席头，却共拜。（《搜神记》卷十六）

(10)“却”当作“后退”讲；(11)“却坐”应释为“辞座”；(12)“却”义不很确切，“后退”“就”“后”似乎都讲得通。

而与此同时，“却＋趋向性动词＋O”构成的连动式在魏晋时期产生之后，得到了迅速发展。很显然，“却＋趋向性动词＋O”构成的连动式是在“却＋非趋向性动词 V_2（＋O）”构成的连动结构的基础上发展而来的。

董淑慧谈到句法结构对表示顺承关联的时间副词“却”产生的影响时，认为当“却”处在连动结构中第一动词的位置时，它可能虚化为副词，因为连动式中两个动词或动词词组的地位不是平等的，“却”的位置正是状语所处的位置，也是最容易发生实词虚化的位置之一。当“却”的这种语法位置逐渐被固定下来，词义也逐渐抽象、变虚，最后导致其语法功能发生变化。[①] 就我们的研究来看，这一时期由“却”组成的两种连动结构中，“却＋非趋向性动词＋O”中非趋向性动词主要是表行动类的具体动词，往往与“却”构成前后相承的两个动作，表言语类、思想意识类的抽象动词还极少；“却＋趋向性动词＋O”中，趋向性动词包括趋向动词和同义词“归”“退”“走”等。对于趋向动词的性质，如“入”，有学者倾向于认为是“助动词”，而我们认为趋向动词的动作性还很强，应该看作是动词的连用。由此看来，在魏晋南北朝时期，处于连动结构中第一动词的位置，确实为“却”的语法化提供了句法上的条件，但其词义却还没有抽象、虚化到直接演变为表示顺承关联的时间副词的程度。

---

① 参见董淑慧：《谈“却”(卻)字三项副词用法的演成及其与几个相关副词的平行发展》，《汉语学习》1996 年第 4 期。

二、表示顺承关联的时间副词“却”的形成过程

就我们对多种语料的调查来看，“却”在两晋南北朝时期已经演变为表示顺承关联的时间副词。如：

(1)是时，阎罗王先问其罪，却敕治之。(《增一阿含经·善聚品》)

(2)道乏无水，仙叹得一井水。呼等人汲之，却自取饮。(《六度集经·仙叹理家本生》)

既然在这一时期“却＋ V_2(＋O)”构成的连动式中，“却”并不具备直接虚化为表示顺承关联的时间副词的充要条件，那么，“却”的这一用法又是如何产生的呢？

动作行为的发生具有一定的过程性，往往需要历经一定的时间。因此，“却”在空间位置上的位移特点以及在连动结构中与其他动词之间的时间顺承性，很容易使人们在隐喻机制的作用下，将其映射到时间认知域。

(3)又闻如来却观无穷，前睹无极。(《增一阿含经·八难品》)

(4)前知无穷，却睹无极。(《菩萨本行经》卷上)

在这两例中，“却”后出现了表示抽象的心理概念的动词“观”和“睹”[①]，标志着它已经完全失去了作为动词“后退”时所具有的动作的过程性，表示一种抽象的时间上的位移。

空间是三维的，空间位置上的退后，相对于原来的位置点是一种倒退；而时间是一维的，时间上的退后，相对于原来的时间点却是一种持续和延伸。所以，我们发现，中古汉语中“却”大量出现在“却后＋数量式时间段”的句式中，表示数量式时间段之后的某一时间点，可以翻译为“……之后/以后”。[②] 中土文献和译经中都可见到。略

① 这里的“观”和“睹”并非视觉动词，而是义同“知”，表示“知道，了解”。

② 在所抽检的语料中，非表时间副词用法的“却后”仅见1例：“沙弥以此死人之衣，渍着水中，却后坐食。”(《增一阿含经·须陀品》)这里的“却后”表示“退后”。

举数例：

(5)人即出之，系之而去。却后五日，狗夜走归。(《搜神后记》卷九)

(6)却后少日，公报姑云："已觅得婚处，门地粗可，婿身名宦，尽不减峤。"(《世说新语·假谲》)

(7)群臣受教同时遣使，下八万四千诸国：大王却后七日当于身上而燃千灯。(《菩萨本行经》卷上)

(8)世尊告诸比丘：此沙弥却后七日，当得四神足。(《增一阿含经·须陀品》)

应该说，在该格式中，"却后"已经语法化为时间副词。志村良治将"却后"界定为六朝时才出现的时间副词。[①] 蔡镜浩也将这种用法中的"却后"界定为时间词。[②] 周一良虽然没有为"却后"一词定性，但是认为"却后二字义同，即以后"[③]。

另外，时间副词"却后"还有一个用法，即"却后"之后的语法成分由数量式时间段变为一个完整的谓语性结构或句子。

(9)是时国中众病消除，谷米丰贱人民安乐。却后国王崩亡，群臣共议当更立王。(《菩萨本行经》卷上)

(10)不堕三涂八难之处，却后皆当成辟支佛。(《菩萨本行经》卷下)

在"却后+谓语性结构/句子"中，"却后"相当于时间词"后来"。值得注意的是，这种用法的"却后"均出现在汉译佛经中，在所考察的中土文献中未见用例。

同期文献中，"却"也单独用为时间副词"之后/以后"。如：

(11)公谓运者曰："却十五日为汝破绍，不复劳汝矣。"(《三国

---

① 参见[日]志村良治：《中国中世语法史》，江蓝生、白维国译，第74页。

② 参见蔡镜浩：《魏晋南北朝词语例释》，南京：江苏古籍出版社1990年版，第270页。

③ 周一良：《魏晋南北朝史札记》，北京：中华书局1983年版，第129页。

志·魏志·武帝纪》)

(12)袁彦伯为吏部郎,子敬与郗嘉宾书曰:“彦伯已入,殊足顿兴往之气。故知捶挞自难为人,冀小却当复差耳。”(《世说新语·品藻》)

(13)上临崩,指伯玉谓世祖曰:“此人事我忠,我身后,人必为其作口过,汝勿信也。可令往东宫长侍白泽,小却以南兖州处之。”(《南齐书·荀伯玉传》)

(11)中的“却十五日”意为“十五日后”;(12)(13)中的“小却”指时间,意同稍晚、稍后。

那么,“却”是否受到“却后”经常使用的影响才逐渐具有了时间副词的用法呢?因为在受到所构成的复合词经常使用的影响下,复合词中的某一成分逐渐具有了复合词所表示的语法意义的语言现象在汉魏时期比较常见。如“何物”,从先秦至六朝一直表示疑问意义。“物”本来没有疑问意义,因为经常与“何”一起使用,以至于“物”也被赋予了疑问意义。“何等”中的“等”单独用为疑问词也与这个情况类似。[①] 但就我们目前的调查来看,无法从语料上发现“却”受“却后”影响的动态历史过程。因此,我们倾向于认为“却”是直接在其本义的基础上通过隐喻机制产生了时间副词的用法。

“却”更常见的用法是,与“先”相对,表示所叙事件在时间上的后起性。请看以下例句:

(14)先呕却渴者,此为欲解。先渴却呕者,为水停下,此属饮家。(《脉经·平呕吐秽下利脉证》)

(15)先过飞燕户,却照班姬床。(宋·沈约《登台望秋月》)

(16)袁先问三乘四谛之理,却辩老庄儒墨之要。(《高僧传·释慧芬》)

(17)先平小月阵,却灭大宛城。(梁·简文帝《从军行》)

---

① 参见蒋绍愚、曹广顺:《近代汉语语法研究综述》,北京:商务印书馆2005年版,第59页。

(18)先屠光禄塞，却破夫人城。(梁·简文帝《度关山》)

在这些例句中，“却”和“先”相对，可以解释为“先……，后/再……”。它表示进行完一个动作行为之后，再接着进行某种动作行为，具有极强的时间顺承性。在一些例句中，时间副词“却”可以根据语境的需要，灵活地解释为“再、又、复”等义。如：

(19)用水浸三日，将物搅旋，浮于水面者去之，然后晒干，却用酒浸一伏了便蒸。(《雷公炮炙论·云母》)

(20)薄切，于日中晒，却用黄牛乳汁拌蒸，从巳至未，其木瓜如膏煎，却于日中薄摊晒干用也。(《雷公炮炙论·木瓜》)

(21)女曰：“某，三河人，父见为弋阳令，昨被召来，今却得还。遇日暮，惧获瓜田李下之讥。望君之容，必是贤者，是以停留，依凭左右。”(《搜神记》卷十五)

(22)文合卒已再宿，停丧将殓，视其面有色，扪心下稍温，少顷却苏。(《搜神记》卷十五)

由此可以看出，表顺承关系的时间副词“却”是在其本义“后退”而非引申义“返回”的语义基础上虚化而来的，而且其间经历了“……之后/以后”的语义阶段。基本的语法化过程可以描述为：本义“后退”→ 时间副词“……之后/以后”→ 表顺承关系的时间副词“再、又”。

三、方位词“却”的形成

“却”的本义为“后退”，这一动作的发生需要在一定的空间范围内进行。因此，我们也注意到这一时期一些“却＋ V(＋O)”结构的特殊性。如：

(1)却倚云梦林，前瞻京台囿。(南朝宋·颜延年《始安郡还都与张湘州登巴陵城楼作》)

(2)于后则却背华容，北指昆仑。缘以剑阁，阻以石门。(晋·左思《蜀都赋》)

前面所举“却＋动词 V_2(＋O)”构成的句子结构中，“却”是对人在空间移动的客观描述，而这两例中，并不是巴陵城楼和蜀都在作空间移动，而是说话人想象它们在作空间的移动。高秀雪认为，语用推理在语法化中起着重要作用，它有两个重要的推理过程——隐喻和转喻。其中，隐喻是用一个事物来理解另一事物，从基本的、具体的概念向抽象的概念转换。隐喻的过程就是从一个概念域或认知域向另一个概念域或认知域的结构映射，动因是相似性和类推。[①]

就以上例句的来源体裁来看，它们都出现在诗歌中。在赵艳芳的研究中，将这种隐喻归类为创新隐喻中的文学隐喻，它来源于文学家个人独特的感受和体验。[②] 因此，这两句中的动词“却”带有主观性，它所表示的动作的过程性已经消失。而且，“却”与后一分句中的“前”“北”相对，表现出了极强的空间意义。因此，这里的“却”已经演变为表示动作行为发生的方所词，可以理解为“后面”。蔡镜浩也将这种用法的“却”界定为方位词。[③] 所举例句转引如下：

(3)前望嵩山、少室，却负帝城，青林垂影，绿水为文。(《洛阳伽蓝记·城南·景明寺》)

(4)却倚危石，前临浚谷。(宋·何尚之《华林清暑殿赋》)

四、结论

杨荣祥在探讨副词的形成演变规律时指出：“认知语言学已经证明，一个语形的时间意义的语法化程度一定高于空间意义，也就是说，时间意义是由空间意义语法化来的。”[④]王寅和严辰松也提到，“Heine 等人曾将人类认识世界的认知域排列成一个由具体到抽象的序列，认知域之间映射的一般顺序为：人＞物＞过程＞空间＞时间

① 参见高秀雪：《语法化及其语用动因》，《广西社会科学》2004 年第 8 期。

② 参见赵艳芳：《认知语言学概论》，上海：上海外语教育出版社 2001 年版，第 111 页。

③ 参见蔡镜浩：《魏晋南北朝词语例释》，第 272 页。

④ 杨荣祥：《近代汉语副词研究》，北京：商务印书馆 2005 年版，第 404 页。

＞性质。”①但就我们的调查来看，时间副词“却”应该不是在表示空间意义的方位词的基础上产生的。因为这一时期的文献中尽管能够发现“却”作为方位词的用例，但是数量极其有限，而且多出现在诗歌中，不具备进一步虚化为时间副词的条件。可以说，“却”是直接从“过程”范畴进入到了“时间”范畴的。这对 Heine 等人提出的人类认知域的一般顺序在某种程度上应该算是一种修正。

许多实词的语法化过程都是句法位置改变和词义变化两方面相互影响、共同作用的结果。因此，意义相同或相近的词汇系统在历史发展过程中往往会经历大致相同的虚化过程。董淑慧对“却”和“还”复”“倒”“顾”“转”“反”的虚化过程的考察也证明了这一点。但是，词汇意义和语法位置仅仅为某个词汇系统的语法化提供了一种可能性，系统中的单个成员最后究竟能否实现以及以何种方式实现这种虚化，还要受到使用频率、语言接触等诸多语用因素的影响。因此，详细考察系统中每一个个体的具体演化过程，弄清其自身的特殊之处，才有可能从中抽象出该系统发展的一般性规律。

本文仅对“却”作为时间副词用法的产生作了具体考察，但相信这对于探求实词虚化途径的多样性会有所启发。

---

① 王寅、严辰松：《语法化的特征、动因和机制——认知语言学视野中的语法化研究》，《解放军外国语学院学报》2005 年第 4 期。

第四章　曹县话中的人称代词研究

曹县位于山东省西南部，北临定陶，东靠单县，西、南两面与河南省民权县、商丘市接壤。曹县话属于汉语北方方言的中原官话，在山东方言的分区中属于西鲁片。就整体来看，曹县话具有菏泽一带方言的基本特点，但由于与河南交界，又表现出商丘、民权等地的一些特征。

人称代词是方言中的基本词，是很能体现方言特征的。笔者试图利用已有的近代汉语研究成果，对曹县话的人称代词中不同于现代汉语普通话用法的方面进行深入研究，分析这些人称代词的特殊用法产生的历史根源。所谓“特殊”，是仅就那些曹县话具有而现代汉语普通话不具备的语法特点而言的。

本文所用的属于曹县话的语料，取自曹县城关镇、朱洪庙乡、梁堤头镇的若干村庄的实际口语。鉴于曹县话语音和词汇方面的特点，本文在引例时不严格地推求本字。无本字或本字不详，一律用同音字代替；虽有本字但音韵变异较大的，视具体情况而定，或用本字，或用同音字。

曹县话中人称代词的构成大致如表 6 所示：

表 6　　曹县话中人称代词的构成

	个体	群体
第一人称	我、俺、咱	俺（俺＋数量词/群体名词） 咱（咱＋数量词/群体名词）
第二人称	你、恁	恁（恁＋数量词/群体名词）

续表

	个体	群体
第三人称	她、他	她/他＋数量词/群体名词
其他	己家、人家	人家、旁人

一、“我”“俺”“咱”[①]

在曹县话里，“我”的基本语义是指说话人自己。同现代汉语普通话中的用法一致，“我”的语法特点是，不仅可以充当句子的主语、宾语和兼语，而且可以充当修饰语，表示对所修饰的名词或名词性词组的领属关系。如：

(1)我啥会儿(什么时候)看见你哩(的)东西啦?

(2)村里有点儿事儿，白(别)想瞒住我。

(3)我这牲口也能犁地，牵得(着)使咦(去)吧。

(4)我哩(的)书包忘拿啦。

同时，曹县话里还有另外两个第一人称代词——“俺”“咱”存在。同是第一人称代词，“我”和“俺”“咱”的主要区别在于“我”只能表示个体，而“俺”“咱”既可以表示个体又可以表示群体。如：

(5)我啥会儿(什么时候)说过这话?(个体)

(6)俺商量过啦，都觉得(着)这法得(子)中。(群体)

(7)你看看俺写哩(的)作文。(个体)

(8)咱啥会儿(什么时候)赶会(上街)咦(去)?(群体)

(9)咱啥会儿(什么时候)吃过这种亏?(个体)

曹县话中“我”和“俺”同为排除式时，“我”严格地用于个体自称，而“俺”却能够跟数量词和群体名词组合。这应该是近代汉语里山东

---

① 由于同属一个方言片，本文这部分内容参考并采用了马凤如《金乡方言志》中“‘我’和‘俺’”“‘咱’和‘俺’”中的一些观点，恕不一一标出。(马凤如:《金乡方言志》，济南:齐鲁书社2000年版，第158～159页)

方言中的语法现象在曹县话中的保留。冯春田在对清代山东方言著作《聊斋俚曲集》的研究中发现，“我”“俺”“咱”在跟数量词、群体名词聚合时“显示出很大的区别：‘我’1400余例无一例‘我+数量/群名’的组合形式，而‘俺’307例、‘咱’289例，分别有10、11例相关组合形式的例子，表明‘我’在俚曲的方言里不仅是排除式，而且是严格地用于个体自称”[①]。聊斋俚曲虽然是用淄博方言写成的，与曹县话不属于一个方言片，但二者同属于一个大的方言区——山东方言区，所以在人称代词方面必定相差不大。而曹县地处山东省西南部，一直非常偏僻、落后，受外来文化和其他地区文化的影响较小，所以能够将近代汉语中的这种用法完整地保存下来。

曹县话中“我”和“俺”二者都可以表示单数，但在具体用法上又有所区别：

其一，在亲属称谓和某些具有密切关系的人前以及表领属关系的名词性成分前，用“俺”而不用“我”。如：

俺娘　俺爷　俺叔　俺哥　俺姨　俺庄上　俺邻居　俺乡里

其二，当第一人称单数含有强调意义时，用“我”不用“俺”。这可能是曹县话受到近代汉语中的“我”严格用于个体自称的影响。如：

(10)这话谁说哩(的)？——我说哩(的)。

(11)谁呀？——我。

其三，妇女和儿童表达亲昵的语气(如撒娇)时，多用“俺”。如：

(12)俺也想买件儿衣裳。

(13)俺血累(很累)哩(的)轰(很)。

(14)俺可不想这样。

其四，当长辈为了使孩子有归属感，把孩子和自己作为一个整体时，习惯上用“俺”这种群体形式而不用本应为个体形式的“你”或“他/她”。如：

(15)这是谁惹俺啦？(大人询问哭泣幼儿时的问话)

---

① 冯春田：《〈聊斋俚曲〉语法研究》，开封：河南大学出版社2003年版，第15页。

(16)俺小哩,您白(别)跟俺一样。(父母对比自己孩子大的孩子的劝告)

(17)我问问你,拥共(因为)啥打俺?(质问欺负自己孩子的人的语言)

就以上四项中的用法来看,曹县话中的“俺”体现出一种强烈的情感倾向,而“我”更多的时候是以中性词的身份出现。

在现代汉语普通话中,没有表示第一人称个体的代词“咱”,只有表示第一人称群体的“咱们”。曹县话里,“咱”尽管有表示第一人称个体的情况,但是比较少见,主要限于下面两种场合:一是表达说话者自大、自傲的语气时,如:

(18)你也不打听打听,在这一亩三分地儿里,咱怕过谁!

(19)在家里,她得乖乖哩(的)听咱哩(的)。

(20)不光你会,咱也会。

二是表达亲昵或自嘲的语气时,如:

(21)你白(别)慌得(着)走,等等咱呗!

(22)愿跟咱搁一堆(搭伙)哩(的),言语一声。

(23)就咱这个样,谁还会跟咱?

在以上两种情况中,“咱”如由“俺”或“我”来替代,并不影响对句义的理解,但会削弱应有的语气。

曹县话中“咱”的这种个体用法,也应该是近代汉语中“咱”的用法在方言中的延续。据吕叔湘考证,“咱”字前身即“自家”二字。“自”字《广韵》“疾二切”[dz'i],“家”字“古牙切”[ka],但“自”字今音已清化为[ts-],或宋世已然,与[ka]相切,正可得[tsa]。而“自家”的三种不同含义,无论是与文言“自”一字相当,还是等于“我”或活用之“我”,都可以表示第一人称个体。[①] 因此,曹县话中保留有这种用法,也就不足为奇了。

---

① 参见吕叔湘:《释您、俺、咱、喒,附论们字》,《吕叔湘全集》第 2 卷,沈阳:辽宁教育出版社 2002 年版,第 21～23 页。

另外，当说话人表达规劝或讽刺语气时，习惯性用“咱”这种第一人称群体形式而不用本应为第二人称个体形式的“你”。这也许是为了让被劝的当事人有一种劝解人和自己站在同一立场的感觉，或者出于缓和讽刺语气的目的。如：

(24)算喽(了)吧，咱能跟小孩得(子)一样?

(25)呦！就咱这样哩(的)能白教他打喽(了)?

表示第一人称群体形式时，曹县话的“咱”在意义上与普通话的“咱们”相当，包括说话者和听话者双方在内。“咱”与“俺”虽然都表示第一人称群体形式，但主要区别在于一个是包括式，一个是排除式。“咱”包括说话者和听话者双方，而“俺”则只限于说话者一方，排除听话者一方。① 这在清代前期的河南方言著作《歧路灯》②中早有体现。如：

(26)德喜儿道:“这毡包俱是送咱家的东西。”③

(27)春宇道:“谭姐夫意思，是念咱爹是个好秀才，翁婿之情，是照管咱爹的孙孙念书哩。”④

(28)王氏道:“他舅呀，你不知俺的家，通是王忠当着哩!”⑤

(29)王氏哭道:“他二位老伯，千万休走，与俺娘们仗个胆儿，就住下也不妨。”⑥

其实曹县话中“俺”的这种排除式用法，完全可以从它的来源上加以解释。吕叔湘认为，始见于宋代文献的“俺”来源于“我们”，是二者连读音变形成合音的结果。⑦ 最初“‘俺’似不分单、复数”，从明代以后，“大体在北方方言的区域内”的“‘俺’‘俺们’分别表示单、复数，

---

① 冯春田:《近代汉语语法研究》，济南:山东教育出版社 2000 年版，第 13、19 页。

② 李绿园:《歧路灯》，郑州：中州书画社 1980 年版。

③ 李绿园:《歧路灯》，第 5 页。

④ 李绿园:《歧路灯》，第 27 页。

⑤ 李绿园:《歧路灯》，第 85 页。

⑥ 李绿园:《歧路灯》，第 132 页。

⑦ 参见吕叔湘:《释您、俺、咱、喒，附论们字》，《吕叔湘全集》第 2 卷，第 9～10 页。

并且基本是排除式”[1]。而一直保留在汉语共同语中的“我们”，正是排除式第一人称群体代词。因此，曹县话里“俺”的排除式用法，是有着确切的历史渊源的。

在曹县话里，表达第一人称群体语法意义时，除用“咱”“俺”外，还可以在“咱”“俺”后加上数量词和群体名词。这种用法早在《聊斋俚曲集》中已有体现。如：

(30)俺俩巡了两三巡，被他二姨跳将出，一顿几乎打断筋！(《聊斋俚曲集·禳妒咒》)

(31)想当初咱俩说笑，扎挂屋望你勤劳。(《聊斋俚曲集·翻魇殃》)

(32)咱仨同到玉火巷，你可藏的严实实……(《聊斋俚曲集·增补幸云曲》)

(33)叫爹爹莫悉肠，好歹的出了丧，济俺娘们往前撞。(《聊斋俚曲集·翻魇殃》)

(34)众人向前拉住云：求仙长说说俺众人的终身。(《聊斋俚曲集·禳妒咒》)

(35)咱兄弟们岂同别人，没有钱我借上。(《聊斋俚曲集·翻魇殃》)

(36)除了他兄弟俩，翻转是咱娘四个。(《聊斋俚曲集·翻魇殃》)

二、“你”和“恁”

在曹县话里，“你”的基本语义是指听话人一方。它既可以充当主语、宾语、兼语，又可以充当修饰语，表示对所修饰的名词或名词性词组的领属关系，其语法特点大体说来跟“我”相同。

(1)你啥会儿(什么时候)把这事给办啦？

(2)不就是一本破书嘛，还给你！

---

① 冯春田：《近代汉语语法研究》，第13页。

(3)广播叫你上大队里(村委会)去一趟。

(4)谁看见你哩(的)衣裳啦,你找谁去。

曹县话中另一个第二人称代词“恁”应为普通话里的“您”在方言中的替代,但它同时具有个体和群体两种语法意义。

(5)恁说哩(的)是啥(什么)时候哩(的)事?(个体)

(6)恁挨家挨户打听打听,咱是那样哩(的)人不?(个体)

(7)听说恁庄上出事啦?(群体)

(8)说到底恁是一家人家,旁人谁也不好插手。(群体)

其实金元作品中已有以“恁”代“您”之例。并且据吕叔湘考证,“‘恁’字《广韵》‘如甚切’,在金元时代之口语中,可能变为[nim],正为‘你’ni 加-m 尾。”[①] 即“恁”(“您”)来源于“你们”。因此,“您”(“恁”)在近代汉语里不是“你”的礼貌式,而是“你们”的合音。而当时,“你们”不但可以表示单数,而且可以表示复数,所以“恁”也就同时具有了单数和复数两种语法意义。由此来看,曹县话里“恁”具有“你们”的群体语法意义应是受到了近代汉语的影响。

但冯春田认为,聊斋俚曲中表示复数的“您”究竟是形成于“你们”的合音,还是由于“你”用法的变化而引起的词音变化,尚有待于进一步研究。因为“您”“恁”(俚曲中第二人称代词有“你”“您”“恁”3个,冯春田认为“您”“恁”可以看作“你”的变体)的词音可能是[nin]之类,但它又不可能是“你们”的合音,因为俚曲人称代词不太跟词尾“们”组合。事实上,据冯春田调查,聊斋俚曲中表示第二人称复数语法意义时,确实只有“你/您+数量词/群体名词”这种形式,且其中又以“您+数量词/群体名词”格式为主(“你+数量词/群体名词”仅2例,“您+们”仅1例)。[②] 如:

(9)公子云:“你三个坐一席,我在一席上伺候爹娘。”(《聊斋俚曲集·禳妒咒》)

---

① 吕叔湘:《释您、俺、咱、喒,附论们字》,《吕叔湘全集》第2卷,第8页。

② 参见冯春田:《〈聊斋俚曲〉语法研究》,第16、34页。

(10) 何大娘说:"我说还不为凭,你这众人们都不要昧心,您说他好不好?"(《聊斋俚曲集·姑媳曲》)

(11)明知道何大娘一片好心,着您俩犯争差于理不顺。(《聊斋俚曲集·姑媳曲》)

(12)春香,你合老王您两就跟去服侍。(《聊斋俚曲集·禳妒咒》)

(13)您爷两坐着,我去筛茶去。(《聊斋俚曲集·禳妒咒》)

我们认为,对于山东方言中表复数的"您"的来源,在同意保持异议之外,也不妨给出另一种解释。那就是山东方言中表复数的"您"("恁")可能并不是在该方言内部经过缓慢发展由"你＋们"合音而成,而是在金元时代受民族共同语影响而进入方言内部的一种用法。因为"这一时期,在山东方言发展史(以及北方汉语发展史)上具有重要意义的一项史实是金元对山东地区的长达近两个半世纪(1127～1367)的异族统治。在金朝统治的北方广大区域中,山东是金人较早设立行政机构的地区之一。女真贵族为了加强对汉族人民的统治,将大批猛安谋可编制的女真人迁入山东地区,与当地汉人杂居"[①]。虽然"目前还没有确凿的材料证明这时期女真人对山东的统治对方言有何具体影响,但金元时期北方汉语曾发生了较大的变化则是一个明显的事实"[②]。事实上,民族共同语对方言的影响是持续而深远的。就如现代曹县话中,在表示第二人称群体语法意义时,老辈曹县人只用"恁＋数量词/群体名词"这一种形式,而许多年轻人已在该种形式之外,熟练地使用共同语中"你们"的复数表示法了。从这个意义上来讲,"恁"("您")仍然可以看作"你们"合音的结果。也许就是因为这一点,曹县话在表示单数语法意义时,除了在亲属称谓和表领属关系的名词性成分前用"恁"之外,多数情况下用"你"。特别是在对第二人称个体加以强调时,用"你"而不用"恁"。这是两者在语法

① 钱曾怡:《山东方言研究》,第438页。

② 钱曾怡:《山东方言研究》,第438页。

上的不同之处。如：

(14)这事就怨你！

(15)恁(这么)晚啦，你就白(别)走啦。

(16)快过来，正说得(着)你哩(呢)！

(17)不是你是谁！

其实，山东方言中“你”和“恁”在单数表示上的这种语法分工，早在清代就已形成。据《山东方言研究》一书调查分析，聊斋俚曲中“你”和“恁”的分工大体是：“你”用于单数，“恁”用于复数或单数的领格。并就对“恁”的使用统计来看，表单数的 119 例“恁”中，有 118 例用于领格，仅有 1 例用于主语。[①] 而且，对于用于主语的这 1 例是否真正的表示单数语法意义，《山东方言研究》一书的作者尚不能肯定。现摘录如下：

(18)张大说：“诮甚么！俺达好不好，谁着他和你令堂并骨哩么？”李氏说：“呸！放屁！俺庄里多少好汉子，哪里找着您达并骨。”张大笑说：“出上您拣的那好的并去。”(《聊斋俚曲集·墙头记》)

《山东方言研究》一书分析说，“你令堂”即“您达”，“你”和“您”都用作定语，但“令堂”是书面语词，“达”是口语词，“你”“您”分用不混，正说明“您”带有口语色彩。后一个“您”字，由于是张大对其妻说话，前面又说到“俺庄里多少好汉子”，所以这里的“您”应当是指李氏，即表单数。不过，张大这里的意思也可能是指“你们”，即“拣”的主语是李氏一家人。这样的话，“您”就不是表单数了。[②] 就此来看，聊斋俚曲中“你”和“您”表单数语法意义时，其分工是极其严格的。

不过，在曹县话中，当说者与听者之间是晚辈与长辈的关系，或有意表示尊敬意时，“你”与“恁”可以互相替换，且多用“恁”，较少用“你”。这种用法就与现代汉语普通话中“您”表尊敬义相一致了。

(19)姐，恁己家(自己)在家吧！

---

① 钱曾怡：《山东方言研究》，第 415 页。

② 参见钱曾怡：《山东方言研究》，第 415～416 页。

(20)俺娘问恁好哩(呢)!

(21)大娘,恁这是上哪咦(去)?

三、“他/她”及“他/她+数量词/群体名词”

在曹县话里,作为第三人称个体的“他/她”,与普通话中的用法完全一致,可以充当主语、宾语、兼语和修饰语。在此不加论述。

曹县话中的第三人称群体形式与普通话的不同之处在于,它没有“他/她们”这种形式,只有“他/她+数量词/群体名词”。这可能与整个山东方言中的人称代词不习惯于跟“们”组合有关。因为早在清代,以聊斋俚曲为代表的山东内部方言的人称代词特别是第一人称代词不习惯于跟“们”组合的特点已经凸显出来。代表淄博方言的俚曲三种——《姑媳曲》《翻魇殃》《禳妒咒》中,“我”“俺”“咱”都没有跟“们”组合的例子,“你+们”仅1例,“他+们”也仅3例。[①] 如:

(1)止有女婿人一个,或者他俩平打平。(《聊斋俚曲集·翻魇殃》)

(2)叫小妮端着灯,送他两口儿去东房里睡吧!(《聊斋俚曲集·禳妒咒》)

(3)太公老母葬黄沙,合家无男子,只有他姊妹仨。(《聊斋俚曲集·富贵神仙》)

(4)他二人闹喧喧,拉胳膊死活缠,霎时挣了一身汗。(《聊斋俚曲集·翻魇殃》)

(5)除了他兄弟俩,翻转是咱娘四个。(《聊斋俚曲集·翻魇殃》)

代表曲阜方言的《贾凫西木皮词校注》中,也分别仅有1例“你们”和“他们”。从现代来看,整个山东方言人称代词仍然普遍不习惯于跟“们”组合,即使有用例,也大多是受普通话影响的结果。

---

① 参见冯春田:《〈聊斋俚曲〉语法研究》,第15页。

四、"人家""己家"与"旁人"

在曹县话里,"人家"作为人称代词的用法比较特殊。它除表示"别人"之意外,还有着另外两种语法功能。

妇女或儿童表达亲昵的语气(如撒娇)时,除用"俺"外,也常常用"人家"来表示"我"意。

(1)人家就是不想吃嘛!

(2)人家可不愿找个这样哩(的)人。

(3)人家就是没话说嘛!

当说话人与听话人之间比较熟悉时,常常用"人家"来表示听话双方之外的第三者,相当于"他/她"。如:

(4)你哪能把人家一个人扔家里?

(5)你白(别)在那儿站得(着),也帮人家一把。

其实曹县话里"人家"的这些语法功能,早已在聊斋俚曲中体现出来。对此,冯春田有着详尽的描述。转录如下:

(2)称除说话者双方的第三者。

急仔人家嫌咱穷,咱还倒嫌人家富。(《翻魇殃》)

我说道你休嗔,我怕原是望着亲,人家老婆丑似鬼,汉子怕的不像人。(《翻魇殃》)

(3)实际上是称说话者自己或自己一方。

于氏说:"你心昏么!人家休了的人,你每日窝藏着,还打也是不知哩!"(《姑娘曲》)

终日把人家活活的恼杀,活活的哅杀,活活的气杀!(《禳妒咒》)①

由此可见,曹县话中的"人家"应是近代汉语中的语法现象在方言中的延续。

在曹县话中,"己家"作为反身代词,义指自己,复指前面的指人

---

① 冯春田:《〈聊斋俚曲〉语法研究》,第40、41页。

名词或人称代词，同普通话里的“自己”用法相同。

(6)你己家一个人能行吗？

(7)我己家的事儿旁人白(别)管！

(8)他己家把这活都给干啦！

就近代汉语文献资料来看，反身代词有“自”“自家”“自己”，没有出现“己家”。我们由此认为，曹县话中的“己家”应为近代汉语中的“自家”在方言中的变体。但“己家”与唐五代时期大都单用、独立性强、依附性弱的“自家”用法不同，它多数与前面的体词连用，复指性强，独立性弱。因此，“己家”同宋代以后的反身代词“自家”“自己”的用法更多一致性。[①]

曹县话中的“旁人”即“别人”，跟自己相对，泛指对话双方以外的人，可在句子中作主语、兼语和宾语。这在聊斋俚曲中已有运用。如：

(9)此时若不回头走，怕被旁人看出来。(《聊斋俚曲集·姑媳曲》)

(10)叫弟妇你听着，你略略把气消，他懊悔旁人也知道。(《聊斋俚曲集·翻魇殃》)

(11)书本全不掀，老婆任意搬，对旁人还要说我不贤。(《聊斋俚曲集·禳妒咒》)

特殊的地理位置，使得曹县话相比较于西鲁片的其他方言点，更具有自己的语言特色。我们从历史的角度出发，探讨曹县话人称代词中不同于现代汉语共同语的语法方面。这种方法也许由于同一方言区里历史语料的缺乏而具有一定的缺陷性，但我们希望它能为了解曹县方言的历史面貌提供些微帮助。

---

① 冯春田：《近代汉语语法研究》，第59～60页。